中公新書 1989

湯浅邦弘著

諸子百家

儒家・墨家・道家・法家・兵家

中央公論新社刊

はじめに

紀元前四七九年、孔子《こうし》は七十三歳の生涯を閉じた。その死を悼《いた》んだ魯《ろ》の哀公《あいこう》は、孔子生前の住まいを廟《びょう》とし、衣服・冠・車・書籍などの遺品を陳列した。これが孔子廟の始まりである。孔子廟は現在、中国の曲阜《きょくふ》、北京《ペキン》、南京《ナンキン》をはじめ、台湾の台北《タイペイ》、台南《タイナン》、日本の長崎、湯島聖堂など、各地に存在し、中国古代建築の面影を今に伝えている。

写真1は、台北市大龍街《だいりゅうがい》の孔子廟である。その大成殿《たいせいでん》は、のちに「文宣王《ぶんせんおう》」「大成至聖《たいせいしせい》文宣王《ぶんせんおう》」などの王号を与えられた孔子のために、独特の建築様式を備えている。皇帝にしか許されない黄色の屋根瓦《やねがわら》、龍の彫刻を施した柱、皇帝や神のみがその上を通ることのできる中央の御路《ぎょろ》などである。世界遺産に指定された曲阜の孔子廟に比べるとずいぶん小振りな建物ではあるが、孔子廟としての風格と伝統的様式を備えているといえよう。

ところが、屋根の最上部に目を移すと、曲阜のそれには見られないいくつかの装飾が施されているのに気づく。もっとも目立つのは、屋根の両端にそびえる一対の筒であろう。これを「蔵経筒《ぞうけいとう》」(または通天柱)という。

写真1　台北市孔子廟

写真2　孔子廟の蔵経筒

写真2でその部分を拡大してみよう。屋根の曲線に沿って整然と並んでいるのは、梟《ふくろう》。梟は、不孝・不従順の悪鳥とされるが、その梟でさえ、孔子の徳に感化され、大成殿の屋根にはきちんと並んでいるのだという。問題は、さらにその上、屋脊《おくせき》の筒である。これについては、いくつかの伝説があるが、そのうち、もっとも古いものは、秦《しん》の始皇帝《しこうてい》の焚書坑儒《ふんしょこうじゅ》に関わる伝説である。

『史記《しき》』秦始皇本紀《ほんぎ》によれば、紀元前二一三年、丞相《じょうしょう》(宰相)の李斯《りし》は始皇帝に次のように建言した。

秦記《しんき》(秦の史官が記した歴史書)以外の史書を皆焼くこと。『詩』『書』をはじめ諸子《しょし》百家《ひゃっか》の書の所蔵を禁止し、すべて焼くこと。市中で諸子百家の言を語る者は死刑。昔のことを論じて今を誹《そし》る者は一族皆殺し。これを黙認する官吏も同罪。三十日以内に焼かない場合は労役刑。ただし、医薬、卜筮《ぼくぜい》、農業技術の書と秦の博士官の蔵する書は除外。

始皇帝はただちにこれを断行し、天下の書はことごとく灰燼《かいじん》に帰した。これを「焚書」という。

翌年、不老不死の仙薬を作ると偽り逃亡を企てた方士《ほうし》たちに、始皇帝の怒りは爆発した。始皇帝はそれまで厚遇してきた学者たちを逮捕し、四百六十余人を首都咸陽《かんよう》に「阬《あなうめ》(坑)」にした。これを「坑儒」という。

当時の学者たちは、この災難を逃れるために、屋根の上に筒を偽装し、その中に書籍を隠し入れた。だが多くの学者は弾圧され、炎の中に書籍が消えた。

台湾孔子廟の蔵経筒は、こうした伝説に基づいている。焚書坑儒が後世の人々にいかに大きな衝撃を与えたかを物語っているであろう。

ところが、近年の考古学的発見により、それら滅んだはずの古文献が、二千年の時を超えて次々と現代によみがえりつつある。一九九三年、中国の湖北《こほく》省荊門《けいもん》市で発見された戦国時代の竹簡《ちっかん》（郭店楚簡《かくてんそかん》）や、その翌年に上海《シャンハイ》博物館が入手した楚簡は、その代表である。そこには、『周易《しゅうえき》』『老子《ろうし》』『礼記《らいき》』『孝経《こうきょう》』『孟子《もうし》』などと関わる古典のほか、これまで知られていなかった大量の古代文献が含まれていた。

蔵経筒に入れられることなく滅び去った多くの文献が、今、私たちの目の前にある。まさに、劇的な事態が生じているのである。

本書は、こうした画期的な出来事を受けて、諸子百家の思想を改めて考え直そうという試みである。取り上げる思想家は、儒家《じゅか》（孔子・孟子）、墨家《ぼっか》（墨子《ぼくし》）、道家《どうか》（老子《ろうし》・荘子《そうし》）、法家《ほうか》（韓非子《かんぴし》）、兵家《へいか》（孫子《そんし》）。

諸子「百家」と呼ばれるくらいであるから、春秋戦国時代には、数え切れないほどの思想家がいたのであろう。だが、その中でもっとも強い影響力を持ち、今なお大きな意義を持っているのは、右の諸子である。二千年以上前の思想が、現代を生きる我々に語りかけるものは何か。それを探っていきたい。

目次

序章　新出土文献の発見と諸子百家

一　よみがえる古代文献

秦の始皇帝と地下世界

中国全土の地図を、まず縦に二つに折り、ついで横に二つに折る。そして広げてみる。その折り目の中心にある都市が、西安《せいあん》である。まさに中国のど真ん中、歴代王朝が都を築いた大都会である。

この近郊にあるのが、世界遺産「秦の始皇帝陵と兵馬俑《へいばよう》」。一九七四年三月に陝西《せんせい》省西安市臨潼《りんどう》区で発見された秦の兵馬俑は、始皇帝の陵墓とともに、一九八七年に中国で初めて世界遺産に登録された。出土文物は約六万点。一号坑（歩兵、車兵）、二号坑（車兵、歩兵、騎兵）、三号坑（司令部）、銅車馬坑《どうしゃばこう》を合わせて、現在、八千体余りの兵馬俑が確認されている。

最大の兵馬俑坑である一号坑は、東西二百十メートル、南北六十二メートル、深さ四・五～六メートル。居並ぶ兵士は、死後の始皇帝を守るための近衛《このえ》軍団であった。始皇帝は、地上の征服を終えた後も、死後の世界の覇者《はしゃ》であり続けようとしたのであろうか。兵馬俑は、始皇帝の陵墓を守るかのように、東に向かって並んでいる。秦は中国の西の端。つまり、敵は東から迫ってくると考えたのである。

秦兵馬俑

この兵馬俑の西一・五キロメートルの地点に、秦の始皇帝陵がある。兵馬俑を満喫して始皇帝陵を素通りする観光客が多いためか、ここには、ところどころに「先拝始皇后看兵」（始皇帝陵を参拝してから兵馬俑を見ましょう）の看板が掲げられている。始皇帝陵は高さ七十六メートルの頂上まで登れるよう石段が築かれているが、陵墓内の発掘調査は行われていない。

内部はどのようになっているのであろうか。司馬《しば》遷《せん》の『史記』によれば、始皇帝の陵墓は、受刑者七十余万人を動員して造られた。その内部には、豪華な宮殿が築かれた。奇物財宝が並べられ、盗掘を防ぐための機械仕掛けの弓もすえつけられた。天井には星座が光り、床には水銀の川が流れている。

にわかには信じられない伝承である。しかし、近年の学術調査によれば、始皇帝陵の土壌は、水銀の含有量が突出して高いという。『史記』の記述通りであるとすれば、陵墓の中に、ミニチュア版のもう一つの世界が構築されていたことになる。始皇帝は、

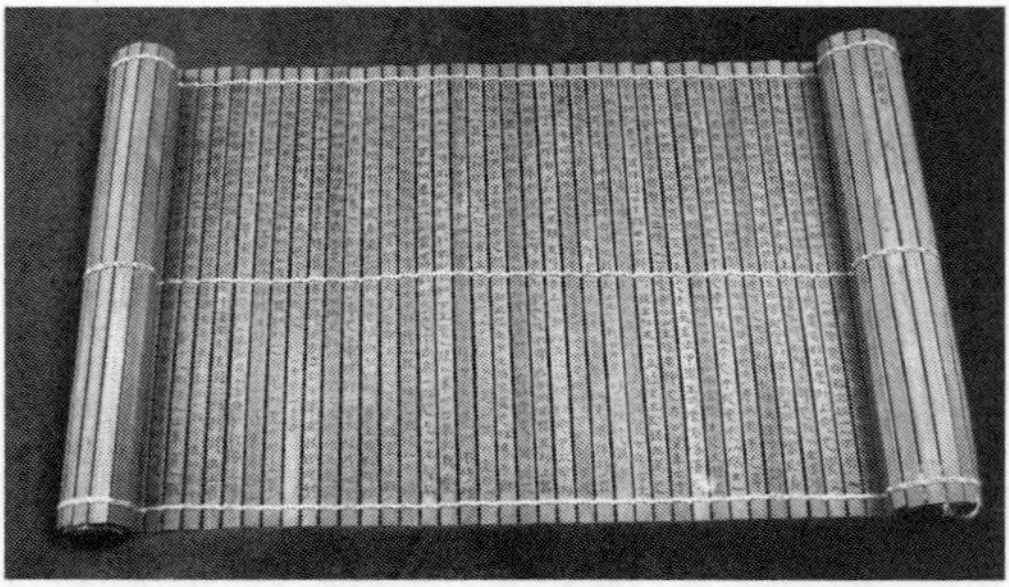
竹簡の形状

大規模な陵墓建造によって、現実の中国世界をそっくり地下にも持ち込もうとしたのである。

もとより、このような大事業は、始皇帝の権力があればこそ可能であった。ただ、死に対する特別の意識は、始皇帝だけに限らない。人々は、その墓葬に際して、死者の生前の品々を副葬し、死後の生活にも支障を来さぬよう願ってきた。

今日、出土資料として学術研究に活用される文献資料は、主にこうした副葬品の一部である。数百年、数千年の時を超えて、古代の文物がよみがえるのである。

そのうち、本書の主題である「諸子百家」にもっとも深く関わってくるのは、竹簡《ちっかん》・木牘《もくとく》・絹布《けんぷ》（帛《はく》）などに記された文献資料である。特に諸子百家の時代では、竹簡が書写材料として重視された。多くの竹簡をひもで綴《と》じた状態が「冊《さつ》」であり、それを机の上にのせると「典《てん》」になり、保存や携帯のために巻くから「巻《かん》」という。また、「牘」とは、竹簡に比べてやや幅広の木に記されたもので、木簡《もっかん》ともいう。二つ合わせて「簡牘」という場合もある。これら簡牘文献と紙の文書との過渡期にあたるのが、絹布に記された文書で、これを「帛書」という。

以下ではまず、こうした出土文献資料に的を絞り、主要な資料とその発見の歴史とをほぼ四期に区分しながら、振り返ってみる。そして、出土文献の発見が、これまでの諸子百家のイメージをどのように変えようとしているのかを紹介してみよう。

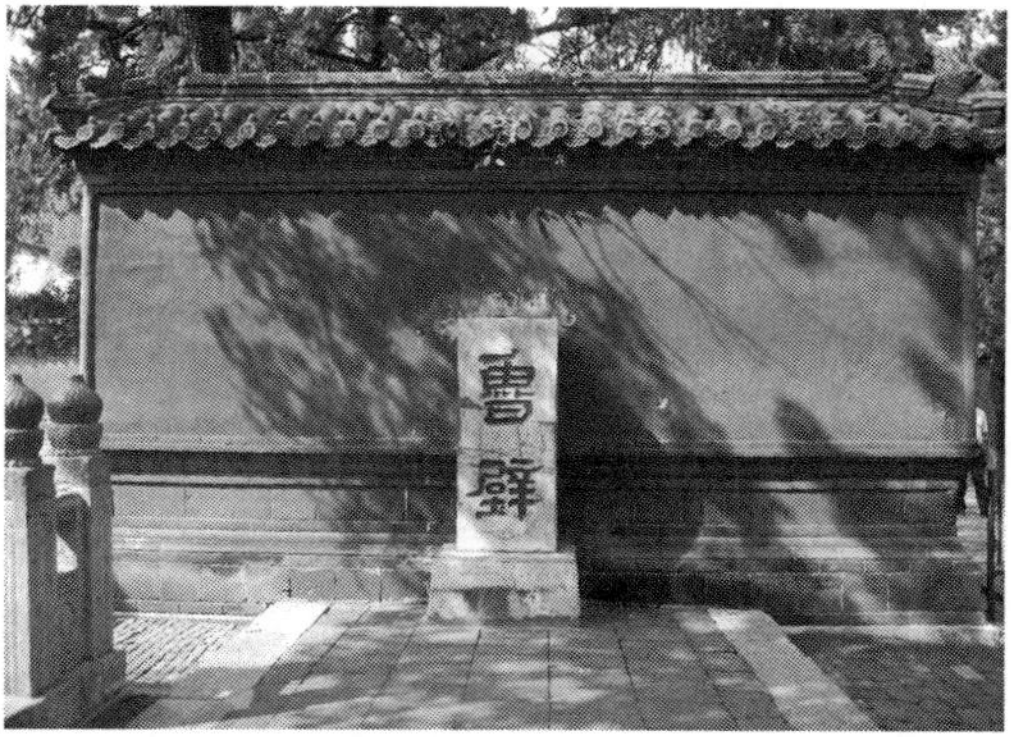

魯壁（曲阜孔子廟）

古代の出土文献

まず、記録に残されている最古の出土文献は、孔《こう》子旧宅壁中書《しきゅうたくへきちゅうしょ》である。これは、前漢武《ぶ》帝《てい》（在位前一四〇～前八七）のとき、魯《ろ》の恭王《きょうおう》が宮殿拡張工事のため孔子の旧宅を取り壊したところ、その壁の中から出土したという文献である。今もその壁が、山東《さんとう》省曲阜《きょくふ》の孔子廟に「魯壁《ろへき》」として保存されている。簡牘に記されていた文字は、今文《きんぶん》（漢代通行文字である隷書《れいしょ》）とは異なる古文《こぶん》（周代の文字）。内容は『尚書《しょうしょ》』『礼記《らいき》』『論語』『孝経』など十種の古代文献であった。

また、同じく前漢の宣帝《せんてい》（在位前七三〜前四九）のとき、河内《かない》（今の河南《かなん》省沁陽《しんよう》）の旧屋から、『尚書』『易』『礼』各一篇が出土、皇帝に献上されたという。

さらに、晋《しん》の武帝司馬炎《しばえん》の太康《たいこう》二年（二八一）、戦国時代中期（前二九九頃）の魏王《ぎおう》の墓から大量の竹簡が出土した。これらは、古文で記された『紀年《きねん》』十三篇（魏国の史書）、『易経《えききょう》』二篇、『国語《こくご》』三篇、『穆天子伝《ぼくてんしでん》』五篇など古書七十五篇十六種であった。汲郡《きゅう》（今の河南省汲県）で発見されたことから、汲冢竹書《きゅうちょうちくしょ》または汲冢書と呼ばれる。

敦煌・楼蘭・居延の出土資料

だが、これら古代の出土例は、記録も不明確で、その総量もわずかであった。出土資料の歴史を塗り替えたのは、やはり敦煌《とんこう》文書の発見であろう。

二十世紀の初め、道士王円籙《おうえんろく》によって発見された敦煌の仏教石窟《せっくつ》寺院莫高窟《ばっこうくつ》第十七窟蔵経《ぞうけい》洞《どう》には、大量の古写本が秘蔵されていた。これらは、イギリス人スタイン、フランス人ペリオ、日本の大谷《おおたに》探検隊の吉川小一郎《よしかわこいちろう》、ロシア人オルデンブルグ、アメリカ人ウォーナーらによって次々に調査搬出され、やがてそれらが南北朝から唐代にかけての写本であることが明らかになった。内容は、仏教経典をはじめ、『老子』『荘子《そうじ》』『周易《しゅうえき》』『論語』など著名な古代文献を含み、総量は、約五万点にものぼる。

その後も、敦煌地区からは漢代の竹簡が数次にわたって発見され、それらは敦煌文書とは別に敦煌漢簡《かんかん》（中華人民共和国成立以後の漢簡を敦煌新簡と呼ぶこともある）と総称されている。

また、同じく中国の西北部。スウェーデンのスウェン・ヘディンは、一九〇一年、楼蘭《ろうらん》のロプノール（さまよえる湖）を発見し、古文書ほか多くの出土資料を入手した。一九〇九年には、西本願寺の橘瑞超《たちばなずいちょう》が、この楼蘭で李柏《りはく》文書（四世紀初め、前涼《ぜんりょう》の西域長史李柏の手紙の下書）を発見した。

さらに、一九三〇年代に入ると、スウェーデンと中国との研究者で編成された西北科学考察団が、現在の内蒙古《うちもうこ》自治区額済納《エチナ》川流域において一万余枚の漢代の竹簡を発見。出土地は漢代の張掖《ちょうえき》郡居延《きょえん》であったため、それらは居延漢簡あるいは張掖漢簡と呼ばれる。これらのほとんどは、居延地区の行政文書類であり、古代文献ではないものの、漢代の政治・経済・軍事制度などに関する貴重な研究資料として注目された。

また、この居延地区では、一九七〇年代にも、中国の学術調査によって漢代の烽燧《のろし》遺跡から行政文書・記録類が発見されており、二万枚に及ぶこれらの竹簡は、新居延漢簡あるいは居延新簡と総称されている。

さて、これら敦煌・楼蘭・居延の出土資料はどのような性格を持つといえるであろうか。まずこれらは、主に行政文書類であった。敦煌文書のような文献資料も含まれていたが、ほとんどは南北朝から唐代の写本であり、春秋戦国時代あるいは秦漢時代の古典ではない。また、楼蘭文書・敦煌漢簡・居延漢簡のように、多くは残簡《ざんかん》（残欠した竹簡）であり、文献として完結しているわけではない。そして、敦煌・楼蘭・居延とも中国西北の辺境に位置している。したがって、そこから発見された資料も、当時の辺境支配の状況や、政治・軍事・通信制度等の重要資料であるとはいえるものの、必ずしも、古代の中原《ちゅうげん》の思想を示す一次資料ではない。

銀雀山漢墓竹簡などの発見

これに対して、一九七〇年代以降の出土資料は、こうした性格を大きく変えていく。まずそれらは、山東省（古代の斉《せい》）、河北省（古代の燕《えん》、中山《ちゅうざん》）、安徽省《あんきしょう》・湖北省・湖南省（古代の楚《そ》）など、中国内地で発見され、第二に、竹簡・木牘のほか帛書も出土している。第三に、断片的な行政文書ではなく、まとまった古代文献がほぼ完全な姿で発見されている。

したがって、これらは、古代思想史に直接関わる重要資料であり、年代的にも内容的にも、それまでの出土資料とは区別して、「新出土資料」と呼ばれるのである。

その代表としてあげられるのは、まず、一九七二年、山東省臨沂《りんぎ》銀雀山《ぎんじゃくざん》の前漢時代の墓から出土した竹簡約五千枚である。これを銀雀山漢墓竹簡《ぎんじゃくざんかんぼちっかん》（銀雀山漢簡《ぎんじゃくざんかんかん》）という。ここに含まれていたのは、『孫子兵法』『孫臏兵法《そんぴん》』『尉繚子《うつりょうし》』『六韜《りくとう》』などの古代兵書。特に、二つの『孫子』が発見されたことは、現行本《げんこうほん》『孫子』の成立事情を解明する大きな要因となった。

次に、一九七三年、湖南省の長沙馬王堆《ちょうさまおうたい》の前漢時代の墓から大量の帛書が出土した。これを馬王堆漢墓帛書《まおうたいかんぼはくしょ》（馬王堆帛書）という。この中には、前漢時代の二種の『老子』写本のほか、古佚書《こいつしょ》も数多く含まれていた。古佚書とは、古代に散佚しその存在すら知られていなかった文献である。さらに、『戦国策《せんごくさく》』の基礎資料と思われる『戦国縦横家書《しょうおうかしょ》』、古代医書など、馬王堆漢墓帛書は計二十八種類、総字数十二万字にのぼる。

また、一九七五年、湖北省の雲夢県《うんぼう》睡虎地《すいこち》の秦代の墓から一千枚余りの竹簡が出土した。これを雲夢秦簡《うんぼうしんかん》または睡虎地秦墓竹簡《すいこちしんぼちっかん》という。これらは、悪名のみ高くその実態が不明であった秦帝国の法律、およびその関連文書であった。秦の法治《ほうち》の実態やその法思想を解明する資料として注目された。

こうして、銀雀山漢墓竹簡などの新出土文献は、中国古代思想史の研究に大きな影響を与えた。銀雀山漢墓竹簡は、二つの『孫子』をはじめとする兵学思想研究の進展に寄与し、馬王堆漢墓帛書は、『老子』や道家思想の新研究を推し進め、睡虎地秦墓竹簡は、秦の法治や法思想の実態について重要な手がかりを与えてくれたのである。

しかし、これらを凌《しの》ぐ大きな衝撃を学界に与えているのは、一九九三年に湖北省荊門《けいもん》市郭《かく》店《てん》一号楚墓《そぼ》から出土した郭店楚墓《かくてんそぼ》竹簡《ちっかん》（郭店楚簡《かくてんそかん》）と、その翌年に上海博物館が入手した上海博物館蔵戦国楚竹書《ちくしょ》（上博楚簡《しゃんはくそかん》）である。これらの新出土資料は、戦国時代の古文字で記されており、そこには、『周易』『詩経《しきょう》』『礼記』『老子』など伝世の主要な古典と密接な関係を持つ諸文献のほか、儒家系・道家系さらには墨家・兵学などの知られざる思想文献が大量に含まれていた。

諸子百家の思想を探る試みは、郭店楚簡・上博楚簡の発見によって、新しい時代に突入したといってよい。

郭店楚簡と上博楚簡

一九九三年、中国の湖北省荊門市一帯の紀山楚墓《きざんそぼ》群では、異様な光景が繰り広げられていた。大規模な盗掘活動である。本来、出土文物を管理すべき側の荊門市博物館副館長が関与した組織的な盗掘も行われ、重要な文物が他省に流出した。

こうした盗掘ブームの中で、荊門市紀山鎮《きざんちん》郭店村の郭店一号楚墓もまた二度にわたる盗掘を受けた。郭店一号楚墓は、付近の農民が耕作用に封土を削り取っていたため、盗掘を招きやすい状況にあったのである。

一九九三年十月、二度目の盗掘によって、ついに槨板《かくばん》（棺《ひつぎ》を入れる外箱）に穴が開けられ、青銅器など副葬品の一部が持ち去られた。これにより、荊門市博物館による緊急発掘調査が

荊門市紀山楚墓

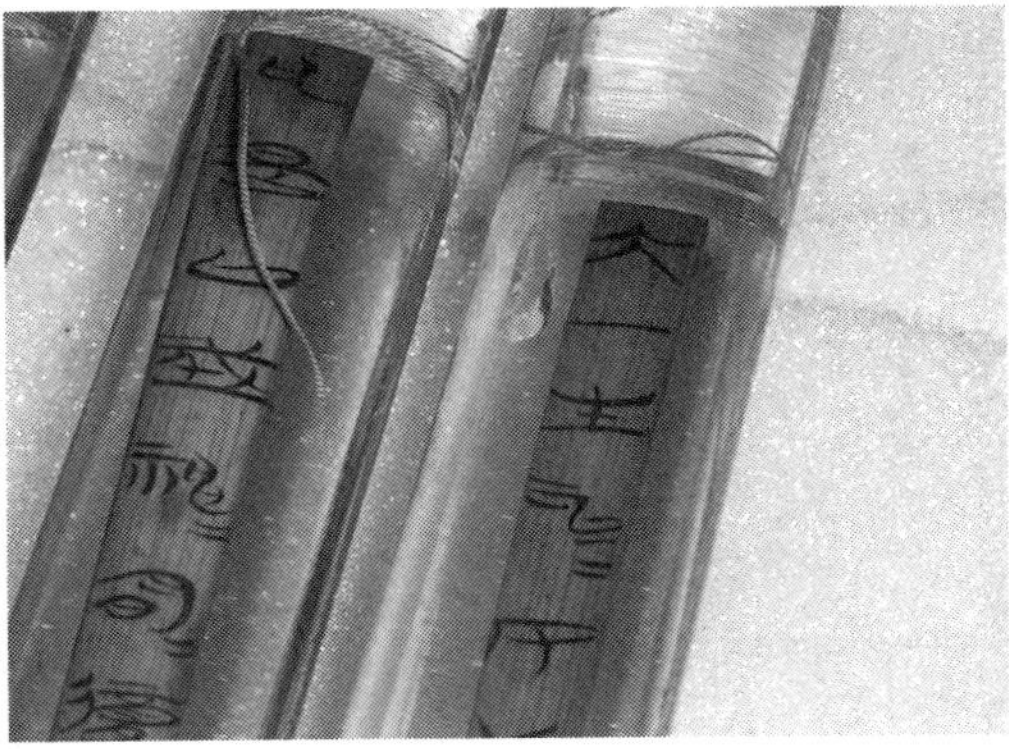
郭店楚簡

行われて、その中に八百四枚の竹簡が含まれていることが判明した。荊門市博物館に移送された竹簡は、その後、数年にわたる化学処理が繰り返され、ようやく文字が判読できるまでになった。

郭店楚簡の全容が『郭店楚墓竹簡』（荊門市博物館編、文物出版社）として刊行されたのは、一九九八年五月のことである。『郭店楚墓竹簡』には、竹簡すべての写真、釈文、語注が掲載され、それにより、次のようなことが明らかになった。

①郭店一号楚墓の造営年代は、その墓葬形態や出土器物から推測して、戦国中期のやや後期、おおよそ紀元前三〇〇年頃と推定される。

②墓主は、墓葬の規模から判断して、楚の上士の身分。副葬品に含まれていた漆《うるし》の耳杯《じはい》（図参照）の文字「東宮《とうぐう》之師」によれば、楚王の太子の教育係であったと推測される。ただし、この文字は「東宮之杯」に釈すべきであるとの説もあり、その場合は、東宮から下賜された品という意味であるから、墓主は、広く東宮の関係者のうちの誰かということになる。

③竹簡は、八百四枚のうち、七百三十枚に文字が記されていた。総文字数（延べ字数）は、

約一万二千字。異なり字数（重複を除いた文字の種類の数）は、約千三百字。

④竹簡の形態は、長さ十五センチメートルから三十二・四センチメートルまで、幅は〇・四五センチメートルから〇・六五センチメートルまで。三種類に区分される。両端は、平斉《へいせい》（竹簡の上下端を平らに加工したもの）と梯形《ていけい》（竹簡の上下端を台形に加工したもの）の二種類（図参照）。

⑤文字は典型的な楚国文字。戦国時代の文字状況を知るための貴重な資料である。

そして、郭店楚簡の内容は、竹簡の形態や字体などから、次の十八種に分類された。

『老子』甲・乙・丙、『太一生水《たいいっせいすい》』、『緇衣《しい》』、『魯穆公問子思《ろぼくこうもんしし》』、『窮達以時《きゅうたついじ》』、『五行《ごこう》』、『唐虞《とうぐ》之道《のみち》』、『忠信之道《ちゅうしんのみち》』、『成之聞之《せいしぶんし》』、『尊徳義』、『性自命出《せいじめいしゅつ》』、『六徳《りくとく》』、『語叢《ごそう》』一～四

耳杯

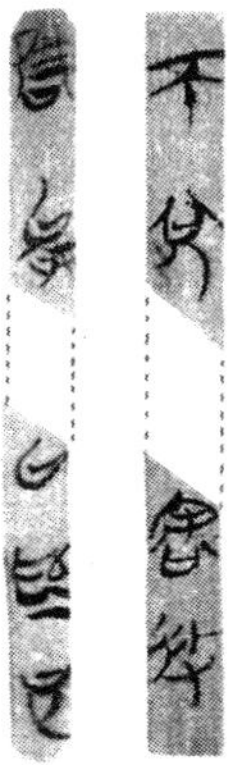

平斉（右）と梯形（左）

黒竜江省
モンゴル
吉林省
内蒙古自治区
遼寧省
朝鮮民主主義
人民共和国
北京
河北省
大韓民国
寧夏回族
自治区
山西省
山東省
銀雀山
漢墓竹簡
孔子旧宅壁中書
甘粛省
陝西省
河南省
江蘇省
汲冢竹書
安徽省
郭店楚墓竹簡、
上博楚簡
湖北省
睡虎地秦墓竹簡
浙江省
馬王堆漢墓帛書
江西省
湖南省
貴州省
福建省
台湾
広西壮族自治区
広東省
ベトナム
海南省
0
600km

出土文献地図
居延漢簡、
新簡
新疆ウイグル自治区
楼蘭文書
敦煌漢簡
チベット自治区
四川省
ネパール
ブータン
インド
バングラデシュ
雲南省
ミャンマー
ラオス
タイ

このうち、『老子』と『太一生水』は道家系文献、『語叢』は短文集、他は儒家系文献である。また、『老子』は、甲・乙・丙本を合わせると、現行本『老子』のほぼ五分の二にあたり、『緇衣』は『礼記《らいき》』緇衣篇と基本的に重複し、『五行』は馬王堆帛書『五行』の経部分と重なる文献であった。他はすべてこれまで知られていなかった古佚書である。

一方、上博楚簡《しゃんはくそかん》が発見されたのは、郭店楚簡発見の翌年、一九九四年である。上博楚簡は、盗掘の結果流出した竹簡で、上海博物館が香港《ホンコン》の古玩《こがん》（骨董《こっとう》）市場で購入した戦国時代の竹簡である。数量は全千二百余簡、字数は計三万五千字。郭店楚簡と同じく、戦国時代の楚国の文字で記されていたので、これも「楚簡」である。正式名称は「上海博物館蔵戦国楚竹書」であるが、やや長いので、略して「上博楚簡」と呼ばれている。「上博」とは、もちろん上海博物館の略である。

現在、『上海博物館蔵戦国楚竹書』（上海古籍出版社）という書名で刊行が続けられている。全体は百種程度の文献からなるという。一分冊ごとに四部から八部程度の文献が収録されている。多くは、古佚書であるが、なかには、『周易』、『緇衣』（『礼記』緇衣篇とほぼ重複）などの著名な古典も含まれていた。

上博楚簡は、盗掘されて香港に流出したものであるため、出土時期や出土地などは未詳である。ただ、『上海博物館蔵戦国楚竹書（一）』所収の序文によれば、出土地について、湖北省からの出土であるという話が伝わっており、流出した時期が郭店一号楚墓の盗掘時期と接近していることから、郭店墓地出土の可能性も考慮されるという。

また、中国科学院上海原子核研究所によって炭素14の測定が行われ、二二五七±六五年前という値が公開された。この数値は、一九五〇年を定点とする国際基準によって換算すると、前三〇七±六五年、すなわち前三七二年から前二四二年となる。つまり、上博楚簡と郭店楚簡とは、戦国時代の楚墓に副葬されたほぼ同じ頃の資料と見なされるのである。両者は、ともに戦国時代の楚文字で記された竹簡であることから、合わせて「戦国楚簡」と呼ばれることもある。

諸子百家の見直し

それでは、これらの出土文献は、諸子百家の研究にどのような変更を迫るのであろうか。詳しくは、以下の各章で論ずることとして、ここでは、新出土文献の発見によって、改めて強く意識されるようになった課題や疑問点を、箇条書きにまとめてみよう。

・諸子百家が登場する以前には、どのような文献があったのか。

・その書き手や読者とは、どのような人々だったのか。
・中国の思想史は孔子から語り始めてよいのか。
・孔子の弟子たちはどのような思想活動をしていたのか。
・性善説は孟子の発明か。
・諸子百家の時代の儒家の文献は、『論語』『孟子』『荀子《じゅんし》』だけだったのか。
・墨家はなぜ秦漢帝国の成立とともに消滅してしまったのか。
・古代中国には、宇宙の本源を探るというような形而上《けいじじょう》的思考は乏しかったのか。
・老子は実在の人物だったのか。
・『老子』はいつ頃編纂《へんさん》されたのか。
・諸子百家の時代の道家の文献は、『老子』『荘子』だけだったのか。
・法家の思想と秦の始皇帝の法治にはどのような関係があったのか。
・『孫子』の兵法は、どのような点がもっとも画期的だったのか。
・戦国時代の孫臏《そんぴん》は春秋時代の孫子（孫武《そんぶ》）の兵法をどのように発展させたのか。

出土文献の与える影響は大きく、また広い範囲に及んでいる。諸子百家と出土文献。この両者は密接な関係にあり、もはや出土文献を抜きにしては諸子百家を語れないという時代を迎えているのである。

二　諸子百家の時代

ところで、諸子百家の活躍した春秋戦国時代とは、どのような時代だったのか。この問題について、あらかじめ簡単に振り返っておこう。

春秋時代から戦国時代へ

春秋時代とは、おおよそ、魯《ろ》国の編年史『春秋』に記載されている前七二二年から前四八一年頃までを指す。当時の王朝は、周《しゅう》。この周王朝のもとに多数の封建諸国が、周王朝を支えながら並立していた時代である。だが、春秋時代の終わり頃には、王朝の求心力は弱まり、「春秋の五覇《ごは》」と呼ばれる五人の有力諸侯が、事実上の覇権を握っていった。春秋末期には、呉越《ごえつ》の戦争に代表されるような大規模な長期戦争も勃発《ぼっぱつ》し、それまでの貴族と庶民との力関係を根底からくつがえしていった（第七章参照）。

また、これに続く戦国時代とは、春秋時代の大国であった晋《しん》の内乱勃発を契機にして始まった。すなわち、紀元前四五三年に晋の有力貴族「韓《かん》」「魏《ぎ》」「趙《ちょう》」が政権を三分割して掌握

春秋時代

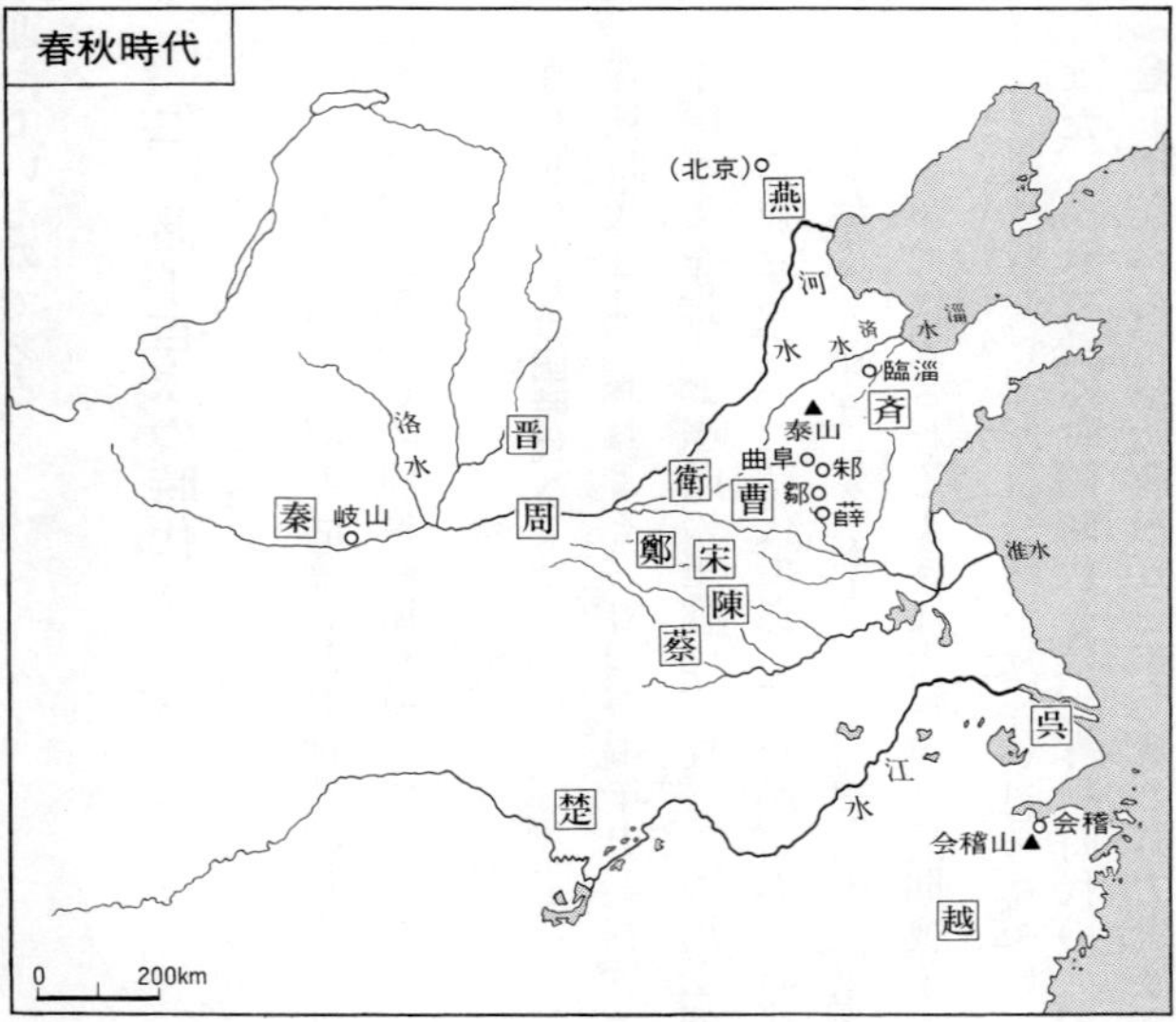

した。これら三氏が正式に諸侯として認められるのが、紀元前四〇三年。中国の学界では、紀元前四五三年をもって戦国時代の初めとするのが通常である。この戦国時代は、紀元前二二一年の秦の始皇帝による天下統一まで続く。周王朝の権威が衰退し、諸国の君主は自ら「王」と名乗り、これに下剋上《げこくじょう》の風潮が重なって、侵略戦争が多発した。いわゆる「戦国の七雄《しちゆう》」が割拠する時代となったのである。

　面積と人口はどうであろうか。現代中国の国土は日本の約二十六倍。人口は約十三億人である。しかし、古代中国の領域は万里の長城の内側までであり、また、人口も、億に達するのは清《しん》

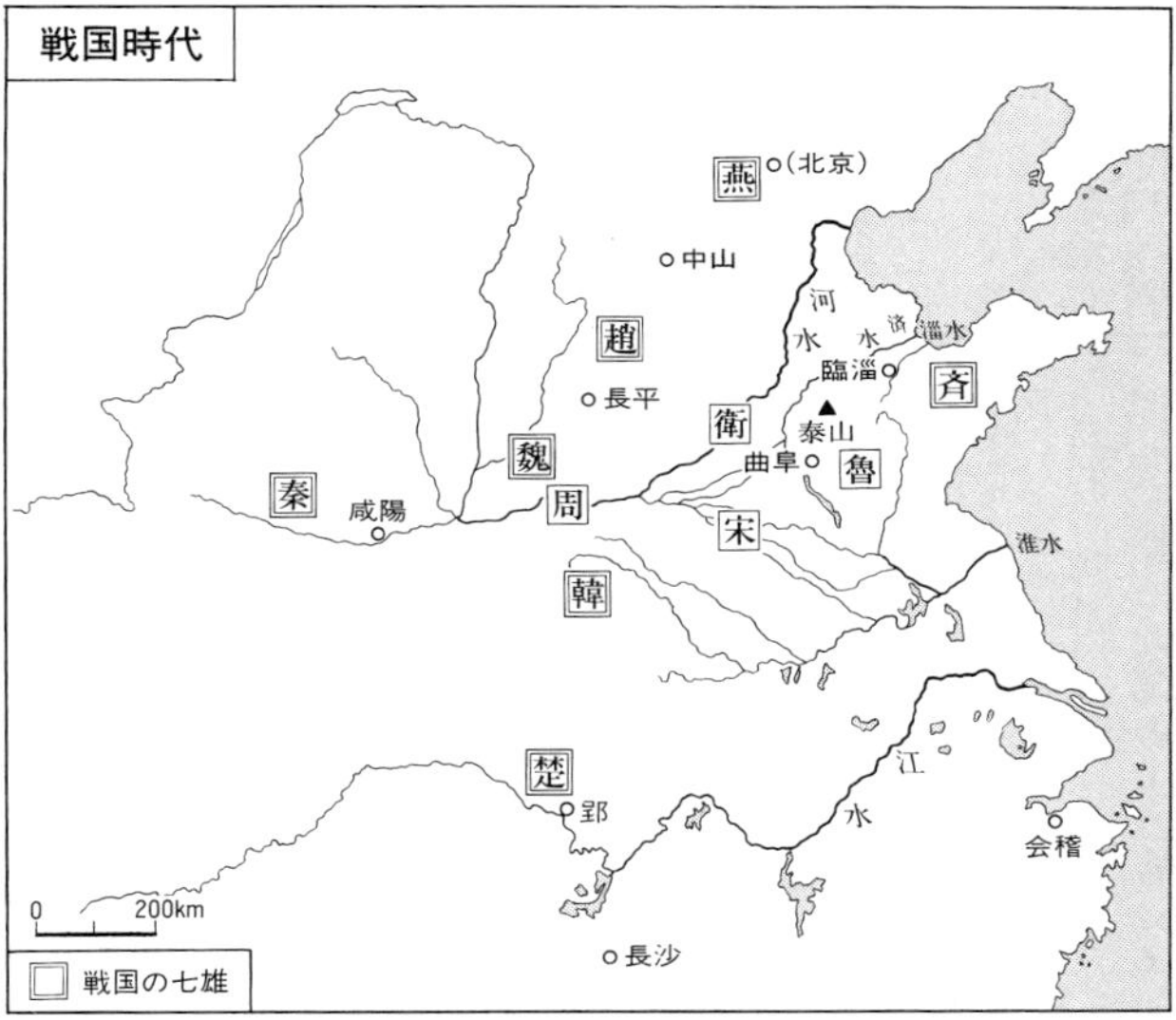

代に入ってからである。

諸子百家の時代、すなわち春秋戦国時代では、家族構成が「五口《ごこう》」と表現される。つまり、五人家族が基本であり、この中から成人男性一人が兵士として徴用された。そこで、各国の軍事力（動員兵力数）から、おおよその総人口を推測することができる。たとえば、春秋時代の斉《せい》国は、兵力数約三十万。これを五倍した百五十万が斉国の総人口であると推測される。また、戦国時代の秦国は、百万の兵力を誇った。総人口は約五百万と推定される。こうして、各国の人口を推計していくと、春秋時代後半の中国全体の人口は、約千四百万人、戦国時代後期の総人口は、約三千万人となる。

もっとも、このうちで、卿大夫《けいたいふ》と呼ばれる貴族（支配者階級）は全体の十パーセントにも満たず、多くは、農業に従事する平民である。

春秋戦国時代の世相

この春秋戦国時代の世相をひとことで表せば、古代中国の大変動期といえるであろう。周王朝の弱体化とともに、王朝によって封建されていた多数の諸侯国が次第に解体・統合され、中央集権的な大帝国に移行していく時期である。戦争の大規模化により、弱小国が次々に強国に併呑《へいどん》されていった。

また、社会経済的には、農業、手工業が中心であったが、鉄製農具の開発と諸国の富国強兵策とにより、生産力が飛躍的に向上した。農産物や工業製品の売買も盛んとなり、諸国をつなぐ交通路も整備された。広域外交も活発に行われ、蘇秦《そしん》・張儀《ちょうぎ》といった外交家（縦横家《しょうおうか》と呼ばれる）は天下を駆けめぐって外交手腕を発揮した。

こうした情勢を受けて、各国は、自国の存立や理想的国家の建設に向け、思想家を優遇して招き、場合によっては、宰相や将軍として抱え、自国の存亡を託した。代表的なのは、斉《せい》国の「稷下《しょっか》の学」。斉は、都の近郊稷山《しょくざん》の麓《ふもと》（または稷門の近くともいわれる）に思想家を集め、彼らに邸宅を与えて優遇し、議論・著述に専念させた。

　そうした風潮の中で、思想家たちは、自由に自らの思想を構築し、諸国をめぐって熱き夢を説いた。「諸子百家」の黄金期であった。

「諸子百家」という言葉の初出は、『史記』賈誼《かぎ》列伝の「頗《すこぶ》る諸子百家の学に通ず」。春秋戦国時代からもともとあった言葉ではない。現存最古の図書目録である『漢書《かんじょ》』芸文志《げいもんし》には、「諸子略《しょしりゃく》」という項目があり、そこには、百八十九家、四千三百二十四篇の書が著録されている。

「諸子」はもろもろの思想家先生、「百家」は数え切れないほど多くの思想家という意味で、実数としての「百」を表しているわけではない。諸子百家としてもっとも早く、かつ組織的に活動したのは、儒家。続いて墨家。その他の諸子百家としては、道家、法家、兵家などがある。

　中国の歴史上、これほど多様な思想、または思想集団が、時を同じくして登場したのは、まさに空前絶後のことであった。

【諸子百家余話】兵馬俑展

日本で初めて本格的な兵馬俑展が開催されたのは、一九八三年十月〜十一月の大阪築城四百年まつり特別展示（大阪城公園）である。以来、規模の大小に差はあっても、いくどかの展示を重ねている。近年開催されたものとしては、「秦の始皇帝と兵馬俑展」（二〇〇〇年三月〜十月、山形美術館ほか）、「始皇帝と彩色兵馬俑展」（二〇〇六年八月〜二〇〇七年七月、江戸東京博物館、京都文化博物館ほか）があり、それぞれすぐれた図録が刊行されている。

後者の展覧会では、初めて彩色兵馬俑が展示された。二号坑から出土した八体の兵馬俑（跪《き》射《しゃ》俑）に、色彩が残されていたのである。図録の監修者鶴間和幸氏（学習院大学教授）によれば、「始皇帝陵の兵馬俑のほとんどは

佐藤克人氏（左）から彩色兵馬俑について説明を受ける筆者（右）

無彩色のものとして出土した。青銅器が本来の金色の輝きを失い緑青《ろくしょう》に変色したように、兵馬俑は顔料層を失い土色に帰った」。それが、この跪射俑に残されていた色彩をもとに、鮮やかに再現されたのである。

コンピュータグラフィクスによる彩色兵馬俑の再現を担当した凸版印刷株式会社のVRディレクター佐藤克人氏によれば、「二千二百年前の当時の姿の色の再現についてはいろいろと試行錯誤が必要だった」という。制作期間は三ヶ月。佐藤氏は、西安と北京の画材店で、あらゆる色の絵の具を購入して、色の再現を試みたそうである。もともとの兵馬俑は、天然の鉱物顔料が一〜二層塗り重ねられていた。たとえば、赤はシンナバー（辰砂《しんしゃ》）、青はアズライト（藍銅鉱《らんどうこう》）、黄色はオーピメント（石黄《せきおう》）、緑はマラカイト（孔雀石《くじゃくいし》）といった具合である。これら鉱物顔料を膠《にかわ》で調合して組み合わせた色を使っていたと推測されている。

展覧会の会場内に特設されたVRシアターでは、この彩色兵馬俑が投影され、私たちを二千年前の中国にいざなってくれた。

第一章　諸子百家前史——新出土文献の語るもの——

疇《ちゅう》の麻《あさ》を為《つく》り、麻の衣を為るを知らざれば、楚《そ》に君《きみ》たるを得《え》ず。（上博楚簡『平王與王子木』）

畑で麻を作り、麻から衣服を作る。そのような常識さえ知らないで、楚の君主となれようか。

一九九四年に上海博物館が入手した戦国時代の楚の竹簡には、『平王與王子木』（平王《へいおう》と王子木《おうしぼく》と）と称する文献が含まれていた。この文献は、春秋楚国の故事集の一つと考えられる。

平王《へいおう》の王子《おうし》であった木《ぼく》は、世間知らずの凡人であった。あるとき、麻畑を通りかかり、ここは何をするものかと臣下に問うた。臣下は麻を作るための畑ですと答えるが、続いて王子は、麻とは何を作るものかと問うた。あきれた臣下の嘆きのつぶやきが、冒頭の言葉である。

王子は、政治・経済・外交・歴史などの帝王学を学んで育つ。しかし、こうしたこまごまとした俗事にも通じていなければ、民の心を的確につかむことはできないであろう。

国家を治める立場の人間が、世間知らずで許されるはずはない。臣下の予言通り、この王子は、出世レースに敗れ、即位できなかった。

　春秋時代の楚は、王や王子に関わる説話を記し、教戒の書として編纂していた。諸子百家が自らの言葉で思想を語る前には、こうした故事集が、国政のヒントとして重要な役目をはたしていたのである。


　諸子百家が登場する以前、古代中国にはどのような文献があったのか。孔子を師とする儒家集団は、教科書として『詩』『書』を学んでいたという。儒家の論敵であった墨家も、この点だけは同様であった。

『詩』は、周王朝の採詩官《さいしかん》が諸国をまわって集めた各国の「風《ふう》」の詩、および王朝の祭礼の際に歌われた「雅《が》」、そして先祖の徳を讃《たた》える「頌《しょう》」、の三部からなる。『書』も、古代聖王「堯《ぎょう》」「舜《しゅん》」をはじめとする王の言葉が記されている。諸子百家の時代には、これらが貴族の必読書となっていた。

　また、春秋各国の史官は、その国の歴史を『春秋』としてまとめていた。内容はきわめて簡潔で、「魯《ろ》の隠公《いんこう》の○○年に◇国と戦った」という年表風の歴史書である。

これらはのちに、『易』『礼』『楽』とともに、儒家の経典となった。いずれも、その編纂に孔子が関与したという伝説が加えられていったためである。

では、諸子百家が登場する以前、これらのほかには、文献はなかったのであろうか。この問いに答えてくれるのが、近年の出土文献である。『詩』『書』以外にも、さまざまな形で古代文献が存在したことを新資料は語っている。特に、上博楚簡《しゃんはくそかん》の中には、春秋時代の楚国の書が多数含まれていた。これらは、当時の楚の歴史を説話の形式で記述することによって、王や王子のあるべき姿を説いている。ここでは、その中から三つの文献を取り上げてみよう。一つは、得意の絶頂にある王への訓戒の書、もう一つは、王子の知性について説いた書、そして最後に、王の人情と寛容さについて述べた文献である。

一　王への訓戒

滅びの予言

まず、上博楚簡『荘王既成《そうおうきせい》』という文献を取り上げる。そこには、次のような不気味な予言が記されている。

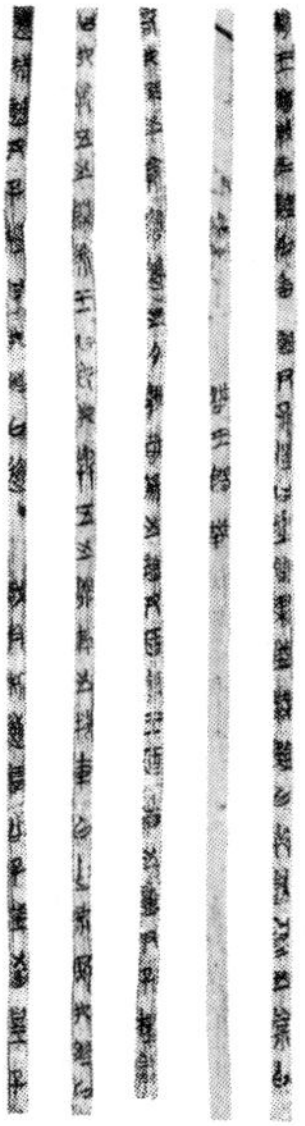
上博楚簡『荘王既成』

楚の荘王は無射《ぶえき》という大きな鐘を鋳《い》た（古代中国では、音階を陽六つ、陰六つの計十二に分け、それを「十二律《じゅうにりつ》」と呼んだが、無射はその陽音の一つである）。そして荘王は、沈尹《しんいん》（官名）の子《し》桱《けい》に問うて言った。「私はすでに無射を完成させ、その大鐘を祖先の祭りに供し、またその大鐘で周辺諸国からの賓客《ひんきゃく》をもてなした。では、私の後の楚王は、この鐘をいつまで保つことができるであろうか」。沈尹は答えを固辞したが、王が強く問うたので、次のように答えた。「四代目と五代目の間くらいでしょうか」。王は問うた。「もし四代目と五代目の間くらいだとすれば、それは、無射を駅車によって中原の国に持ち去られることを意味するのか。それとも、四艘《そう》仕立ての大船によって長江《ちょうこう》下流の国に持ち去られることを意味するのか」。沈尹子桱は言った。「四艘仕立ての大船によって長江下流の国に持ち去られるでしょう」。

ここに登場する「荘王」とは、春秋時代の楚国の王で、在位は前六一三～前五九一年。孔子の没年が前四七九年であるから、この話は、孔子の活動する少し前の時代にあたる。荘王は、「三年蜚《と》ばず鳴かず」（『史記』楚世家《せいか》）と臣下に揶揄《やゆ》されたのち、にわかに発憤し、諸国を次々に平定、周の定王《ていおう》に鼎《かなえ》の軽重《けいちょう》を問い、春秋の五覇となった（五〇頁参照）。「四代目と五代目の間くらいでしょうか」とは、荘王以後、四～五代で現状の隆盛を保持できなくなり、完成した大鐘（無射）を手放すことになるという予言である。ちなみに、荘王以後の歴代楚王は次の通り。

〈王名〉	〈在位年〉
荘王	前六一三～前五九一
共王《きょうおう》（荘王の子）	前五九〇～前五六〇
康王《こうおう》（共王の子）	前五五九～前五四五
郟敖《こうごう》（康王の子）	前五四四～前五四一
霊王《れいおう》（公子囲《い》、康王の弟）	前五四〇～前五二九
訾敖《しごう》（公子比《ひ》、康王の弟）	前五二九
平王《へいおう》（棄疾《きしつ》、康王の弟）	前五二八～前五一六

昭王《しょうおう》（平王の子）　　前五一五～前四八九
恵王《けいおう》（昭王の子）　　前四八八～前四三二
簡王《かんおう》（恵王の子）　　前四三一～前四〇八

荘王以下、共王、康王（共王の子）、郟敖（康王の子）、霊王（公子囲、康王の弟）、訾敖（公子比、康王の弟）、平王（棄疾、康王の弟）、昭王（平王の子）と続くが、このうち、郟敖は公子囲に弑殺《しいさつ》されて短命に終わり、訾敖も霊王の後即位したもののすぐに自殺したため、「王」とは称されない。このため、共王から起算して、四代目が平王、五代目が昭王となる。

周の景王の故事

さて、この説話を理解するための重要な比較材料として注目されるのは、『国語《こくご》』周語《しゅうご》に見える景王《けいおう》の故事である。『国語』とは、春秋時代の諸国の歴史故事を国別に記した書。周の部を周語、魯の部を魯語、斉の部を斉語などという。成立年代はよくわからず、漢代頃に編纂されたという説もある。その周語の部分に次のような話が載っている。

周の景王（在位前五四四～前五二〇）は、在位二十一年（前五二四）に大型貨幣を鋳造しようとした。臣下は、「民の財貨を奪って災害を増やすことになります」と諫《いさ》めるが、王はきかず、大銭の鋳造に踏み切った。そして景王は、その二年後、今度は、十二律の一つである無射《ぶえき》の大鐘を鋳造しようとした。これに対して、臣下は、「三年のうちに、民の心を離反させる器が二つも生産された。国家は危うくなるでしょう」と再び諫めた。

そこで景王は、音楽官の伶州鳩《れいしゅうきゅう》に問うたが、伶州鳩は、音楽理論の上からも弊害があるとして無射の鋳造に難色を示した。しかし景王は、結局、無射を鋳た。二十四年に鐘は完成して、鐘声はいったん調和したが、二十五年、王は崩御して、鐘の音は調和しなくなったという。

また、『春秋』の解説書である『春秋左氏伝』(『左伝』)昭公二十一年の記載では、より明快な王の死の予言となっている。

昭公二十一年(前五二一)、伶州鳩は、無射を鋳造した景王が心臓の病で死去すると予言する。それは、調和した音楽が耳から入って心臓に届き、心臓が安んじれば楽しくなるのに対し、無射のような響きすぎる粗大な音は心臓を動揺させ、動揺が病気を引き起こすからであるという。はたして、景王は、その翌年、心臓病で亡くなったとされる。

この景王の故事で、無射の鋳造は二つの点から不吉であったとされている。一つは、財政の圧迫である。大鐘の鋳造には莫大《ばくだい》な経費が必要となり、国家の経済を圧迫する。大型貨幣の鋳造に続いて、無射の大鐘を鋳ることは、経済を破綻《はたん》させ、民心を離反させる失策だとされているのである。

今ひとつは、音楽理論上の問題である。景王は、無射の大鐘を鋳て、さらにその覆いとなる大林《たいりん》の大鐘を作ろうとした。伶州鳩の説明によれば、無射は陽声の細音、大林は陰声の大音であり、これでは両者が互いに犯して聞こえなくなるという。

伶州鳩は結論として、無射の鋳造は「財」と「楽」との両面から行ってはならないと諫言《かんげん》する。

『荘王既成』の成立

それでは、この故事を念頭に置いて、『荘王既成』を振り返ってみよう。荘王は無射を鋳造し、子椌に、「私の後の楚王は、この鐘をいつまで保つことができるであろうか」と聞いている。これに対して、子椌は答えをいったん固辞する。不吉な回答となることがわかっていたからである。しかし王は答えを強要する。そこで仕方なく子椌は答える。「四代目と五代目の間くらいでしょうか」と。すなわち、荘王以後、四～五代で現状の隆盛を保持できなくなり、完成した大鐘（無射）を手放すことになろうとの予言である。

荘王以後、四～五代といえば、ちょうど楚が危機を迎える平王・昭王の代を指す。昭王十年（前五〇六）、呉王闔廬《こうりょ》の侵攻により、国都の郢《えい》が陥落したのは、その最たる出来事であろう。伍子胥《ごししょ》によって平王の墓が暴《あば》かれたのも、このときのことである。

この言に対する王の反応は、不思議なことに、拒絶や反論ではなく、その予言の詳細説明を促す役目をはたしている。四〜五代後に大鐘（無射）を奪われるとすれば、それは、伝車（駅車）によって持ち去られるのか、大船によって持ち去られるのか、と問う。つまり、楚は中原の国によって滅亡の危機に晒《さら》されるのか、それとも、長江流域の国によって滅亡の危機に晒されるのか、という問いである。『荘王既成』は、これに対する子桱の答え、すなわち、「大船によって長江下流の国に持ち去られるでしょう」という言葉で閉じられている。

このように、『荘王既成』では、荘王による無射の鋳造と臣下の不吉な予言とが対応関係にある。無射の鋳造がなぜ不吉なのかは説明されていないが、この背景には、当然、『国語』や『左伝』に解説されたような意識が存在するのであろう。つまり、「財」と「楽」との両面から、無射の鋳造は不吉なのである。子桱はそのことがわかっていたから答えを固辞した、とされているのである。

それでは、この文献はいつ、どのような目的で著作されたのであろうか。まず、『荘王既成』の成立の上限は、荘王の在位年である紀元前六一三〜前五九一年である。一方、下限は、上博楚簡の筆写時期とされる戦国時代中期（前三〇〇年頃）である。では、『荘王既成』の成立は、この間のどのあたりに該当するであろうか。この問題は、子桱の予言をどのようにとらえるかにかかっているであろう。つまり、こうした予言が実際に荘王の時代になされたと考えるか、それとも、後世、楚が滅亡の危機に瀕《ひん》したのを受けて作られたと考えるかである。

まず、初めの荘王の問い「私の後の楚王は、この鐘をいつまで保つことができるであろうか」までは、荘王期の実録として考えることも、一応は可能であろう。しかし次の「無射を駅車によって中原の国に持ち去られるのか。それとも、四艘仕立ての大船によって長江下流の国に持ち去られるのか」という荘王の問いはどうであろうか。これは、中原の国と長江流域の国との二つの脅威を前提にした発言である。

確かに、当時、中原の覇者であった晋《しん》は、楚にとって大きな脅威であった。荘王の時代には、邲《ひつ》の戦い（前五九七年）で晋と激突している。しかし、長江流域の呉《ご》の軍事的脅威が顕在化するのは、「呉、始めて楚を伐《う》つ」（『左伝』成公《せいこう》七年）とある前五八四年以降である。これは、楚の荘王期ではなく、次の共王以降の時代にあたる。もちろん、隣接する大国は、その存在自体が潜在的脅威となるわけであるが、この荘王期において、晋と呉とを並列して、その脅威を語らねばならぬ必然性は、まだ稀薄《きはく》であったといえよう。楚が呉の脅威に晒されるのは、のちの昭王の時代である。

では、昭王期以降の成立の可能性は、どのあたりまで想定されるであろうか。楚は昭王十年とその翌々年、二度にわたって国都の郢を呉に奪われるが、すぐに奪還している。それは、呉が越《えつ》との抗争に入り、対楚戦への余裕を失ったからである。その後、呉は越との長期戦を経て、前四七三年に滅亡し、楚に併呑される。一方、晋も、前四五三年に有力貴族韓《かん》・魏《ぎ》・趙《ちょう》の三氏に実権を掌握され、三分裂の状態となる。戦国時代に入ると、いわゆる七雄割拠の形勢となり、楚の最大の軍事的脅威は西方の秦となる。

とすれば、晋と呉とを二つの脅威として並列的に語ることのできる時期としては、楚の昭王期から次の恵王（在位前四八八～前四三二）の初期がもっともふさわしいといえよう。その時期の読者にとってこそ、この文献は、もっとも切実な意味を持っていたと考えられる。

王への戒め

このように考察を進めれば、本文献の著作意図も、おのずから明らかになるであろう。昭王期の国都陥落という危機は、約百年前の荘王の時代にすでに予言されていた。こうした説話の構造は、昭王期の国難が、昭王自身の失政によってもたらされたものではなく、それをさかのぼる五代前の楚王の時代にその淵源《えんげん》があると示唆していることになる。春秋の五覇の地位に躍り出た荘王は、無射の鋳造を強行した。それは、「財」と「楽」の両面から否定されるべき行為であった。無射の鋳造は、荘王の失政と驕慢《きょうまん》を象徴する出来事だったのである。とすれば、国家の危機は、その絶頂期においてこそ、その萌芽《ほうが》を内包していると、この文献は語っているのではなかろうか。危難は百年という歳月をかけて静かに忍び寄ってきていたのだ、と説いているのである。

そして、こうした予言は、これからの楚国を担っていく王や太子にこそ、大いなる訓戒としての意味を持つ。財政や音律を無視した無射の鋳造は、大失政の一例である。たとえ、そうした行為が今すぐ悲劇となって現れないとしても、いつか必ず国家を危急に陥れる。そのような戒めとして、この文献の内容は楚の為政者に強く迫ってきたであろう。

二　太子の知性

同じく上博楚簡の中には、春秋時代の楚の太子の知性について説いた文献が含まれていた。『平王與王子木（平王《へいおう》と王子木《おうしぼく》と）』と仮称された文献である。

世間知らずの王子

ここに記された内容は、実は、前漢末の劉向《りゅうきょう》が編纂した『説苑《ぜいえん》』という説話集にも収録されている。これまで、『説苑』所収の説話の来歴については、不明なものも多かった。だが、出土文献の発見により、その来歴の一端が解明されたのである。

上博楚簡『平王與王子木』冒頭簡

そこで、その話を次に紹介してみよう。

楚の平王は、王子の木（建）に命じて楚の北辺の城父《じょうほ》の守りに赴《おもむ》かせた。王子木は城父に向かう途中、成公乾《せいこうけん》と麻畑で出会った。王子は成公に問うた。「これは何か」。成公は答えて言った。「麻畑です」。王子は言った。「麻畑とは何をするものか」。成公は言った。「麻を植える畑です」。王子は言った。「麻で何を作るのか」。成公は答えて言った。「衣服を作るのです」。成公は立ち上がって言った。「私は、申し上げたいことがあります。我らが先君の荘王は、かつて陳《ちん》への軍役に際して、あなたと同じくこの地を通られましたが、宿舎において、『通路がきたないぞ。どうして溝をさらわないのか』とおっしゃいました。このように荘王は俗世の細かなことにまで気がつかれました。それなのに王子は、麻のことさえご存知でない。そのようなことで、楚の君となることができましょうか」。

ここに描かれる王子は、いわゆる世間知らずの人間である。俗事にはまったく関心がなかったのであろう。基本的な衣食に関する知識が欠落している。成公は、そのことを憂え、「かつて、春秋の五覇となられたあなたの先祖荘王は、俗事にも充分通じておられましたぞ、そのようなありさまでは、とても国王となることはできないでしょう」と諫《いさ》めるのである。

王子は、やがて王となる可能性を持って育つのである。もちろん宮中で大切に育てられ、帝王学を学ぶわけであるが、一方で、世俗の事情にも精通していなければ、民の心を理解することはできない。「疇《ちゅう》」が何をするための土地なのか、「麻」が何を作るためのものなのかさえ知らないようでは、国家の統治はできないのである。

王子への訓戒

それでは、この説話の著作意図は、どのように考えられるであろうか。『説苑』は、編者劉向が、漢の成帝（在位前三二～前七）の教育用に献上するという明確な目的を持って編纂したものである。そこには劉向の政治的主張が反映されている。その中の「辨物《べんぶつ》」という篇に、この故事は収録されている。漢代皇帝の帝王学の一つとして、こうした「物を辨《わきま》える」

ことが重視されたのであろう。

一方、上博楚簡には、楚の王や太子に関する故事集のような文献が多数含まれている。この『平王與王子木』についても、そうした故事集の一つで、楚の太子教育の教科書であったという可能性が考えられる。世間知らずの王子木（建）は結局王位にはつけず、太子の珍《ちん》が即位して昭王となった。想定される読者としては、やはり昭王期およびそれ以降の時期の楚の太子がもっともふさわしいといえよう。

こうした文献が戦国楚簡に見えることは、王権に対する教戒をまとめた故事集が、早くも春秋時代に成立していたことを示しているであろう。劉向が漢代帝王学の書としてまとめた『説苑』の先駆的存在として、これらの文献は大いに注目される。先に取り上げた『荘王既成』が王に対する訓戒の書であるとすれば、この『平王與王子木』は、王子に対する教戒の書であったといえよう。

三　合葬の願いを聞き入れる王

父母の合葬

この太子建との王位争いに勝利して楚王の地位についたのが、昭王である。上博楚簡には、その昭王に関する文献も含まれていた。父母の合葬《がっそう》をめぐる話である。

合葬とは親族を一つの墓に埋葬することである。たとえば、孔子の事例。母を亡くした孔子は、所在不明となっていた父の墓所を苦労して探し出し、その地に母の亡骸《なきがら》を合葬したという（『礼記』檀弓《だんぐう》上、『史記』孔子世家）。この孔子の行為は、家族、特に父母の亡骸は同一墓所にあるべきだとの意識を前提としているであろう。

こうした意識を反映する話が上博楚簡『昭王毀室《しょうおうきしつ》』に記されている。おおよそ次のような内容である。

上博楚簡『昭王毀室』

楚の昭王は「死滑《ししょ》」という地のほとりに宮室を建設し、今まさに落成式を迎え、大夫《たいふ》たちを招いて宴会を始めようとしていた。完成した器物に血を塗る「釁《きん》」の儀式も終わり、いよいよ王が臨席して落成式を挙行しようとしていた、その矢先、喪服に身を包んだ一人の君子が宮室の中庭を越えて内門に進入しようとした。門番は君子を制し、「今日は王が初めて宮室に入られる吉日なのに、そのような不吉な喪服で通すわけにはいかない」と言った。しかし君子は、「私が王にお目通りして申し上げるのは、今日でなければならないのだ。もし私を制止しようとすれば、災いを招くことになろう」と言ったので、門番はそれ以上制止しなかった。

君子は門番の制止を振り切って内門に至ったが、そこには、王への奏上の取り次ぎ役（卜令尹《ぼくれいいん》）がいた。君子は、「私の母は、このような吉日に亡くなり、有徳の王を辱めますした。実は、私の父の亡骸がこの宮室の階下に埋葬されています。私は、亡き父を弔い、このたび亡くなった母の亡骸と合葬したいのです。もしそれがかなわなければ、父の墓を暴き、私は両親の骨を自宅の敷地に改葬したいと思います」と卜令尹に告げた。卜令尹は王への取り次ぎをしなかった。そこで君子は、「もし私の言を取り次いでくれないのなら、騒乱を起こします」と言った。

君子の言に圧倒された取り次ぎ役は、ついに昭王に奏上する。これを聞いた王は、「私はそもそもここが墓所であることを知らなかった。そなたはどうして落成式の終了を待つことがあろう。今すぐに父母の亡骸を合葬しなさい」と君子の願い出を聞き入れた。さらに王は、場所を平漫《へいまん》の地に移し、落成式に参集した大夫たちをその地で饗応《きょうおう》した。そして至俑《しよう》に命じて、竣工《しゅんこう》したばかりの宮室を取り壊させた。

このように、昭王が築いた宮殿の下には、ある君子の父が葬られていた。つまり、この一帯は墓所だったのである。君子は、このたび亡くなった母とすでに葬られている父の亡骸を合葬したいと思い、悲痛な思いで直訴する。

これに対して昭王は、その願いをあっさりと聞き入れた。王は、そもそもこの地が墓所であったことを知らなかった。昭王は決して悪意を持って宮室を築いたのではなかったのである。しかも、昭王は、落成式を中止し、参集した大夫たちを別の場所に移動させて宴会を挙行させる一方、築いたばかりの宮室を取り壊すよう命じた。ここからは、昭王の決断の早さと死者に対する敬意とを読み取ることができよう。

晏嬰の諫言

実は、合葬を願い出るという類話は、春秋時代の斉《せい》の宰相晏嬰《あんえい》（晏子《あんし》）の活躍を記した『晏子春秋《あんししゅんじゅう》』にもうかがうことができる。

斉の景公が正殿の楼台を築いたとき、逢于何《ほううか》はちょうど母親を亡くした。逢于何は墓地がその楼台の土壁の下にあるので、そこにすでに葬られている父とこのたび亡くなった母とを合葬させてほしいと晏嬰に頼んだ。

晏嬰は景公に取り次ぐが、これを聞いた景公は、いまだかつて君主の宮殿に葬りたいなどという話は聞いたことがないと拒絶した。すると、晏嬰は景公を諫めて、「古《いにしえ》の人君《じんくん》は、その宮室は簡素で、民の生活を脅かさず、高殿《たかどの》も倹素で、死者の墓をそこなうようなことはありませんでした。だから、いまだかつて君主の宮殿に自分の親族の亡骸を埋葬したいなどと願い出る者はいなかったのです。ところが今、あなたは贅沢《ぜいたく》な宮殿を造って民の住居を奪い、広く高殿を造って人の墓をそこなっておられます。これでは、生きている者は憂い悲しみ、安心して生活することはできず、死者は離ればなれになって、骨を合わすことができません」と説いた。景公はそれを許し、逢于何はついにその母を埋葬することができた。

ここでは、斉の景公が築いた楼台が、たまたま逢于何という人物の墓の上にあったことになっており、『昭王毀室』と状況設定が類似している。また、最終的には合葬の願いがかなうという結末も同様である。

しかし、両書には決定的な違いもある。『昭王毀室』では、楚の昭王が君子の申し出を聞いてただちに自らの非を悟り、完成したばかりの宮室を毀《こわ》してまで合葬を勧めたのに対し、斉の景公は、はじめ逢于何の願いを拒絶し、晏嬰に諫められて渋々許諾したのである。当然のことながら、『晏子春秋』は、晏嬰の智恵と活躍に光を当てている。景公の側は、晏嬰の強い諫言によってようやく己《おのれ》の非を悟るという役回りを演じさせられているのである。

これと同様の性格を読み取れるのが、やはり『晏子春秋』に見える次の話である。

斉の景公が楼台を築いたとき、盆成适《ぼんせいかつ》という者が、「父の墓が宮殿の間近にあり、そこにすでに葬られている父とこのたび亡くなった母とを合葬させてほしい」と晏嬰に頼んだ。これを聞いた景公は怒ったが、晏嬰は景公を諫め、景公は嘆息しつつもそれを許した。

晏嬰像（山東省斉国歴史博物館）

これも前記の話と酷似する内容である。ただここで注目されるのは、合葬を願い出た盆成适という人物が「父の孝子《こうし》、兄の順弟《じゅんてい》」で、かつて孔子の門人であったとされている点である。また、盆成适自身も、合葬を求める理由として「今、人の子であり臣下であって、その親族を離散させてしまうのは、はたして孝といえようか。臣下といえようか」と力説する。ここには明らかに、

「孝」「悌《てい》」といった思想的要素をうかがうことができよう。「孝」とは、親に対するまごころ。「悌」とは、年長者に対するまごころ。ともに儒家がもっとも重視した徳目である。また、晏嬰の諫諍《かんそう》の言葉の中にも、「忠」「愛」「仁」「義」などの語が見える。晏嬰は、それらの徳目を強調して景公を説得しようとし、景公は、そうした思想的言説に押されて、ようやく合葬の願いを聞き入れたのである。これは、『昭王毀室』とは、相当に異なる展開であるといえよう。

『昭王毀室』の著作意図

このように、『昭王毀室』と右の『晏子春秋』の二つの話とは、同じく合葬を話題としながらも、内容的には、むしろ異質な側面を備えている。『昭王毀室』が、合葬を願い出る君子と物わかりの良い昭王とに焦点を当てているのに対して、『晏子春秋』では、景公に長広舌を振るう晏嬰の活躍が際だっている。「孝」「悌」「忠」「愛」「仁」「義」といった道徳的要素の有無という点でも、両者は対照的な性格を示している。

そして、この点にこそ、『昭王毀室』の特色を見出すことができるであろう。『昭王毀室』は、合葬を話題としながら、そこに「孝」「悌」や「仁」「義」といった思想的言説を介在させてはいない。君子は率直に父母の合葬を懇願しているのであり、昭王も、ただちにその意を理解して、合葬を許諾した。さらに、登場人物は多いものの、『晏子春秋』における晏嬰のような役割を持った人物は登場しない。悲壮な覚悟で合葬を願う君子と、せっかくの宮室を取り壊してまで合葬を許す昭王とに、読者の視点は集中する。

したがって、『昭王毀室』の方が、説話としてはむしろ素朴な形態を残しており、『晏子春秋』には、思想史的な色づけがなされているといえよう。これは、『昭王毀室』が「諸子百家」以前の文献であるからではなかろうか。『昭王毀室』では、儒家的な徳目とは関係なく、人の死に思いを致す王が描かれている。昭王は、死者に対する敬意から、完成したばかりの宮殿を取り壊した。王の決断力と寛容さが際だつ説話である。

説話から思想へ

『荘王既成』『平王與王子木』『昭王毀室』という聞き慣れない新出土文献を紹介してきたが、そこに共通するのは、説話の形式によって教訓を示すという点である。王や太子のあるべき姿を楚の歴史そのものによって語ろうとするのである。遠い異国の話よりは、身近な歴史の方が、はるかに切実な教訓として読者に迫ってくるであろう。これらの文献はそうした意図のもとに、王や王子を読者対象として編纂されたものであろう。それは、のちの諸子百家の文献とは異なり、王の側近や、国家の歴史を司《つかさど》る歴史官によって書かれた可能性が考えられる。執筆者が前に出るのではなく、説話の内容を前面に押し出すのである。

これに対して、諸子百家の時代の文献とは、いわば思想家の署名論説である。王の重臣や歴史官ではない一介の士が、自らの理想を熱く語るのである。

説話群によって理想の王や太子を語るという時代は、諸子百家の登場によって、大きく転換していくことになった。

【諸子百家余話】三年蜚《と》ばず鳴かず

『史記』楚世家によれば、楚の荘王は、即位してから三年間、何も政令を発することがなかった。日夜、音楽にふけって宴会を重ね、こう言った。「私を諫《いさ》める者があれば必ず死刑に処する」と。臣下の伍挙《ごきょ》が「謎《なぞ》」を申し上げた。「ここに鳥がおります。三年間、飛ぶこともなく鳴きもしません。これは何という鳥でしょうか」と。荘王は、「三年飛ばない鳥は、ひとたび飛べば天にまでのぼり、三年鳴かない鳥は、ひとたび鳴けば人を驚かすであろう。伍挙、退出せよ。お前の言いたいことはわかっている」と答えた。

それから数ヶ月が経過し、大夫の蘇従《そしょう》が諫めると、荘王は、それまでの淫楽《いんらく》をぴたりとやめて、熱心に政治に従事した。

その後、荘王は、都の洛陽《らくよう》に進軍し、周の郊外で観兵式《かんぺいしき》を行った。示威行動である。周の定王は、大夫の王孫満《おうそんまん》を派遣して荘王をねぎらったが、荘王は、周に伝わる宝器の九鼎《きゅうてい》の大小・軽重《けいちょう》を問うたという。春秋の五覇として天下に覇を唱えた荘王の大変身である。この故事から、「三年蜚ばず鳴かず」とは、長い間忍従《にんじゅう》して後日に期すること、あるいは飛翔《ひしょう》の機会を待って長い間雌伏すること、の意味となった。また、「鼎《かなえ》の軽重を問う」も、この荘王の故事をもとにして成語となり、統治者の実力を問うこと、あるいは、物事の価値を疑うこと、の意味で使われるようになった。

第二章　君子とは誰か——孔子の思想——

人知らずして慍《うら》みず、亦《ま》た君子《くんし》ならずや。(『論語』学而篇《がくじ》)
理解されなくても他人を恨まない。そのような人こそ本当の君子であろうか。

『論語』は全二十篇からなる。その最初の篇である学而篇。その冒頭に置かれた章の言葉である。

「子曰《いわ》く、学んで時に之《これ》を習う、亦《ま》た説《よろこ》ばしからずや。朋《とも》有り遠方より来たる、亦た楽しからずや。人知らずして慍みず、亦た君子ならずや」が章の全文。

清の学者阮元《げんげん》(一七六四~一八四九)は、この冒頭章こそ、ほかならぬ孔子自身について語ったものであると説く。確かに、学習の重視と朋友の尊重は、孔子の思想と合致している。そして、「人知らずして慍みず」という「君子」の姿も、諸国流浪の旅を続けた孔子の人生そのものであったといえよう。苦難の旅の果てに孔子が見た世界の真実とは。また、弟子たちの目に、孔子はどのような人物として映っていたのか。

諸子百家の時代を切り開いていったのは、儒家集団である。その祖は孔子。中国の思想史を孔子から始めるのは、異論のないところであろう。

しかし、孔子の生涯は決して平坦《へいたん》なものではなかった。むしろ、苦難の連続であった。そのような人物が、後世なぜ神としてあがめられるに至ったのか。まずは、その生涯を振り返るところから始めてみよう。

一　画伝に見る孔子の生涯

孔子の画伝

孔子の伝記を記述した最初の歴史資料は、前漢司馬遷の『史記』孔子世家《せいか》である。司馬遷のとき、すでに孔子は偉大な伝説の人であった。『史記』は、歴代皇帝の歴史を記した「本《ほん》紀《ぎ》」、諸侯の伝記を記した「世家」、その他の人物を取り上げた「列伝」からなるが、孔子の伝記は「世家」の部に収録された。

その後、唐・宋《そう》・元《げん》の時代にかけて、孔子の画伝が作られた。絵入りの伝記である。これには、インドから入ってきた仏教の経典や画伝の影響が考えられる。釈迦《しゃか》の一生を絵と文でわかりやすく説く画伝は、民間への布教運動に大きな役割をはたした。孔子の画伝の生産も、これに刺激されたのである。

宋代には、儒教の見直しが進み、『論語』が「四書《ししょ》」の一つとして高く顕彰された。南宋の朱熹《しゅき》が著した『論語集注《しっちゅう》』の序文には、孔子の伝記が付され、これも、孔子伝の普及に一役買った。

明《みん》代に入り、印刷出版業が盛んになると、新たな読者層が開拓された。第一級の知識人だけではなく、広く庶民にも読書の習慣が普及していったのである。そうした中で、孔子の画伝が、『聖蹟図《せいせきず》』として編纂された。張楷《ちょうかい》という人が正統《せいとう》九年（一四四四）に刊行したもので、孔子の生涯を二十九の出来事によって紹介するものである。また、弘治《こうち》十年（一四九七）には、何廷瑞《かていずい》がこれを増補し、三十九枚の図と文で構成した『聖蹟図』を刊行した。

この『聖蹟図』によって、孔子の生涯は広く民間に印象づけられていった。そこで、ここでは、この『聖蹟図』に基づいて、孔子の生涯を簡潔に振り返ってみよう。

孔子の誕生

孔子は魯の昌平《しょうへい》郷陬邑《すうゆう》に生まれた。父孔紇《こうこつ》（字《あざな》は叔梁《しゅくりょう》）は顔《がん》氏の娘顔徴在《ちょうざい》と結婚して孔子を生んだが、その際、母は尼丘《じきゅう》という山に祈って孔子を授かった。魯の襄公《じょうこう》二十二年（前五五一）のことである（前五五二年という説もある）。生まれた孔子の頭は丘のように中央部がくぼんでいた。そこで丘《きゅう》と名付けられた。字は仲尼《ちゅうじ》である。図1は、孔子の母顔徴在が尼丘に祈っている場面。画面中央の女性が顔徴在である。

図2〜4は、神秘的な内容である。孔子が生まれる前、麒麟《きりん》がやってきて口から玉書《ぎょくしょ》を吐いたという。そこには、「水精《すいせい》の子が、衰えた周を継いで素王《そおう》となる」と記されていた。素王とは、無冠の帝王の意味。顔徴在は、不思議に思い、刺繍《ししゅう》のある布を麒麟の角《つの》にかけてやった。図2の画面中央、布を手にしているのが顔徴在、左に麒麟がいる。麒麟は、二晩泊まって去っていったという。その十一ヶ月後に、孔子が生まれたのである。

魯の襄公二十二年十一月、孔子が生まれる夕べ、二匹の龍が屋敷の上をめぐり、五人の老人が庭に降りてきた。五星の精であった（図3）。

そして、孔子を生んだ顔徴在の部屋には、天上の音楽が響いてきて、「天が感応して聖なる子を生む」という声が聞こえてきた。図4の画面中央左上に、天の音楽を奏でる楽団がいる。右下の屋敷の中に横たわる女性が顔徴在。二人の侍女の間に、生まれたばかりの孔子がいる。孔子には、通常の人とは異なる徴《しるし》が四十九箇所もあり、胸には「製作定世《せいさくていせい》」という文字が記されていたという。「製作定世」とは、「この人が新たな王として制度を定め、この世を治める」という予言の言葉である。

こうして孔子は不思議な出生譚《しゅっしょうたん》を持って生まれた。しかし、三歳のときに父を、また、十

按家語云孔子毋徵在禱於尼山而生孔子首上圩
頂象尼丘因名丘字仲尼史記雖不載其事然實誕
聖之本故錄於首云
尼山巖巖　魯邦是瞻　降靈自毋
孕聖歸男　既驗以形　遂徵以名
一誠感格　萬古文明

先聖未生時有麒麟吐玉書於闕里其文曰
水精子繼衰周而素王顔氏異之以繡紱繫
麟角信宿而去懷妊十一月而生
六

魯襄公二十二年十一月庚子先聖誕生之夕
有二龍繞室五老降庭五老者五星之精也
七

（上から）図1、図2、図3

顏氏之房聞鈞天之樂空中有聲云天感生聖子降
以和樂之音故先聖生有異質凡四十九表胸有文
曰製作定世符
八

史記孔子生而敘兒嬉戲常陳俎豆
設禮容
聖父兒嬉　俎豆是持　登降俯仰
有容有儀　不學而能　不聞而識
化洽群童　名傳列國
九

孔子與南宮敬叔入周問礼於老子夫子曰
老子曾為周柱下史故知禮節文所以問之
維周柱史　習知禮文　乃枉聖躬
以廓聖聞　德比重華　好問好察
取人為善　異世同轍
十四

（上から）図４、図５、図６

七歳のときに母を亡くしている。幼い頃の伝記としては、「俎《そ》豆《とう》を陳《なら》べて、礼《れい》容《よう》を設《もう》く」というのがほとんど唯一のものであった。図5のテーブルの左にいるのが孔子である。大人のまねをして冠をかぶっている。俎豆とは、祖先の祭りのとき、供物を置く台と豆《たかつき》のことをいう。あわせて儀式に使う祭器を意味する。子どもの頃の孔子は、普通の子とは違っていた。戦争ごっこではなく、儀式ごっこをして遊んでいたのである。

孔子の政治参加

大人になった孔子の容貌《ようぼう》はひとなみはずれていた。身長が当時の尺度で九尺六寸（約二・二メートル）もあり、人々は皆「長人」と呼んで珍しがったという。十九歳のときに結婚し、一年後に一子をもうけた。のちの孔鯉《こうり》である。

三十歳の頃、孔子は、魯の君主から遊学を許され、周の都に行って、老子から礼を学んだという。この老子が老先生という意味なのか、それとも、のちに道教の祖とされる老聃《ろうたん》のことなのかをめぐって、後世論争が起こる。図6の画面中央、衝立《ついたて》を背にして座っているのが老子、その向かいにいるのが孔子。その後ろは孔子の弟子たちであろう。画面左端には、孔子が乗ってきた牛車《ぎっしゃ》が見える。

三十五歳の頃、魯に内乱が起こり、孔子は隣の斉の国に赴いた。そこで、韶《しょう》（古代の舜《しゅん》のときの音楽）を聴き、「三月、肉の味を知らず」（『論語』述而篇《じゅつじ》）というほど感動したという。図7の画面中央、向かってやや右寄りに斉の景公《けいこう》、その向かいに孔子。周囲には、琴、磬《けい》（「へ」の字形をした打楽器）、鐘、鼓などの楽器が見える。

斉に滞在中、孔子は斉の景公から政治について問われ、大切なのは、正名《せいめい》と節財であると説いた。正名とは、名を正す、つまり「君は君たり、臣は臣たり、父は父たり、子は子たり」（『論語』顔淵篇《がんえん》）というように人倫を正すこと、節財とは財政の節約に努めることである。

しかし宰相の晏嬰《あんえい》は、儒者の欠点を並べ上げた。滑稽《こっけい》（おしゃべり）、驕慢不遜《きょうまんふそん》（驕慢で臣下として従えることができない）、厚葬久葬《こうそうきゅうそう》（家産を破ってまで手厚く葬儀をする）、諸国遊説（諸国を回って財物をねだる）。だから、これを採用して斉の風俗とすることはできないと晏嬰は説く。以後、景公も孔子を厚遇することをあきらめ、それを察知した孔子は斉を去った。

図8の画面向かって右側の宮殿の中にいるのが斉の景公。その前に跪《ひざまず》いているのが晏嬰である。孔子は、画面左側、牛車の中にいる。これは、斉を去っていく様子を表しているであろう。晏嬰の諫言を受けて、その後、景公は孔子を遠ざけるようになり、その結果、孔子は斉を去ったのだから、この二つの場面の間には、多少の時間の差があったとしなければならない。

近代絵画の原則からいえば、同一画面内に異なる二つの時間の出来事が描かれるのは異常である。だが、当時の絵画は、絵巻物の手法を前提にしている。つまり、画面が右から左へと時間の流れとともに推移していくのである。だから、この図でも、右側に景公と晏嬰、左側に斉を去っていく孔子が描かれているのである。

孔子が斉を去らなければならなかったのはなぜか。それは、孔子の考えが、富国強兵を目指す法治国家や商業立国には受け入れられなかったからである。晏嬰のあげた右の四つの批判は、当たらずとも遠からず。儒家の特質を、ある意味でよくとらえていたといえよう。

魯に帰った孔子を、定公は、中都《ちゅうと》（魯の邑）の宰《さい》（長官）に任命した。一年で、周囲の村は皆孔子のやり方にならった。孔子は中都の宰から司空《しくう》（土地・人民の長官）になり、司空から大司寇《だいしこう》（司法大臣）になったという。孔子五十歳頃のことである。

隣国の斉は、孔子の登用によって魯の勢いが盛んになるのを恐れ、夾谷《きょうこく》（斉の地）で会見を開くことを魯に告げた。孔子は定公の補佐役を務め、定公の危機を救う活躍をした。

孔子五十六歳の頃、政治を乱した少正卯《しょうせいぼう》という人物を誅伐《ちゅうばつ》した。三ヶ月たつと、国政は大いに整った。商売する者は掛け値をせず、歩く者は男女道を別にし、道に落とし物があっても着服する者はなく、魯の国にやってきた外来者には、向こうから要求がなくても必要な物を与えて帰国させるようにした。

孔子年三十五季平子得罪魯昭公率師撃平子平子與三
家共攻昭公師敗奔齊孔子適齊為高昭子家臣欲以通乎
景公與太師語樂聞韶音三月不知肉味齊人稱之
雅随風靡　音逐政洗　不圖於齊
乃聞舜韶　聲入心通　神會黙識
食味尚忘　何況他事
十五

景公問政孔子曰政在節財公說欲封以尼谿之田晏嬰進曰夫
儒者滑稽而不可軌法倨傲自順不可以為下君欲用之以移齊俗
非所以先民也後景公語孔子曰吾老矣不能用也孔子遂行
遲遲去魯　款款就齊　所希行道
于以濟時　田不可封　仕不可苟
接淅而行　富貴何有
十六

定公十四年孔子年五十六由大司寇攝行相事誅
大夫政者少正卯與聞國政三月粥羔豚弗飾賈男
女行者別於塗道不拾遺
聖緒秉鈞　皐夔比德　除暴遂良
陽噓陰吸　化行周道　仁及草萊
期月而已　豈虚語哉
廿二

（上から）図７、図８、図９

図9の画面右上、屏風《びょうぶ》を背にして座っているのが孔子。その前に、捕縛された少正卯がいる。そして、画面の左側には、女性の一団。これは、男女が道を別にしている、つまり、風俗が乱れていないことを示しているのであろう。また、左上には、商売をする人、その左には、国外へ去っていく人、その下には、落とし物が描かれている。いずれも、孔子の施策の効果を描いたものである。

これを恐れた斉は、魯に女歌舞団を送り込み、魯の政治を乱そうとした。魯君は、それにうつつを抜かして政治を怠り、失望した孔子は魯を去った。ここから、孔子の諸国遍歴の旅が始まる。

諸国遍歴と受難

その旅の厳しさを象徴する出来事があった。図10と図11がそれであり、いずれも受難の場面を描いている。

魯を去った孔子は、衛《えい》から陳《ちん》に向かおうとして、匡《きょう》(宋の邑)を通りかかった。かつて匡に乱暴をはたらいた陽虎《ようこ》という人物に風貌が似ていたことから、孔子は捕らえられ、厳しく責めたてられた。しかし、孔子は、「周の文王の文化を継承しようとしている自分を、匡人《きょうひと》ごときがどうすることができよう」(『論語』子罕《しかん》篇)と述べた。図10、画面中央の車の中に

（上から）図10、図11、図12

いるのが孔子。牛は恐れて進もうとしない。こちらに尻を向けている。車の周囲には、孔子を責めたてる匡人の一団が描かれている。

孔子は匡で災難にあった後、衛から曹《そう》、そして宋に行き、弟子たちと大木の下で礼を学習していた。宋の司馬《しば》桓魋《かんたい》が、孔子を殺そうとしてその木を倒した。速やかに去るべきですと述べた弟子に向かって、孔子は、「天が私に徳を授けてくれている。桓魋ごときが私をどうすることができよう」（『論語』述而篇）と言った。図11、大木の右下にいるのが孔子、左下にいて孔子に刀を向けているのが桓魋。桓魋の手下は大木を倒そうとしている。

再び衛にもどった孔子は、衛の霊公《れいこう》から軍事について下問された。孔子は答える。「俎豆のことは聞いたことがありますが、軍事については学んだことがありません」（『論語』衛霊《えいれい》公《こう》篇）と。また、別の日、霊公は孔子との会見中、飛ぶ雁《がん》を見上げて、孔子に関心のない様子であった。ここにおいて、孔子はついに衛を去り、陳に向かった。図12にも二つの場面が描かれている。右側は、衛の霊公と孔子。右から三人目が孔子。その向かいにいる霊公は、孔子の話に関心を失い、上空に飛んでいく雁を見つめている。画面左側には、衛を去っていく孔子。車に乗り込もうとしている。孔子還暦の頃の出来事である。

衛を去った孔子は、陳で、「帰ろうか。帰ろうか。わが村の若者たちは、意欲的で大きな志を抱いているが、それをどのようにしてよいかわからないでいる」（『論語』公冶長《こうやちょう》篇）と述べ、帰国を決意した。

孔子の晩年と死

晩年の孔子は、郷里の魯で、弟子の教育にあたり、著述に専念した。特に『易』を愛読し、竹簡を綴じている横糸が何度も切れたという。熱心に読書する意味を表す「韋編三絶《いへんさんぜつ》」という言葉は、この故事にちなむ（九四頁参照）。また、孔子は、詩書礼楽を教え、弟子は三千人に達した。そのうち、六経《りくけい》（易・書・詩・礼・楽・春秋）に通じた者が七十二人あった。図13は、杏壇《きょうだん》礼楽の図と呼ばれる。孔子が弟子を教えている場面である。

孔子は、六経の編纂事業を終えると、斎戒沐浴《さいかいもくよく》して北斗七星に告げた。するとたちまち赤い虹《にじ》が天から降り注いできた。図14がその場面である。画面中央やや右、祭壇の前に跪いているのが孔子。弟子たちが机を運んでいる。その上には三冊ずつの文献。これが六経を表している。

もっとも、この時代にはまだ紙は発明されていない。書物を描くなら、竹簡にすべきであったろう。木版印刷による冊子体の文献が登場するのは、まだ千年もあとのことである。だから、図13と図14に描かれた書物は、厳密にいえば、時代錯誤である。だが、『聖蹟図』は明代の俗書。庶民に向かって孔子の生涯をわかりやすく説くのが主眼なのだから、正確な時

（上から）図13、図14、図15

図16

代考証などはなされなかったのであろう。ともあれ、これが孔子晩年の輝きを示す画伝である。

孔子は七十三歳で亡くなった。魯の都の北方、泗水《しすい》のほとりに葬られた。弟子は皆三年の喪に服した。喪が明けて別れて去ろうとするとき、皆哭泣《こっきゅう》して哀悼の情をつくした。子貢《しこう》だけは、孔子の塚のほとりに庵《いおり》を構え、さらに三年の喪に服したのち去った。図15、塚の周りで弟子たちが嘆き悲しんでいる。画面の左端、庵の中にいるのが子貢である。

その後、弟子や魯の人で孔子の塚のほとりに家を移す者が百軒余りにのぼったので、そこを「孔里《こうり》」と呼んだ。魯はその後、代々、毎年の祭祀《さいし》の時節に孔子の塚を祭り、また儒者たちも、その前で礼を講じ、郷飲酒《きょういんしゅ》の礼（郷学の優等生を国に推薦するときの礼）、大射《たいしゃ》の礼（弓術の技を競う礼）を行った。弟子たちがいた堂は、後世、廟《びょう》とし、孔子の遺品を収蔵し、漢に至るまで二百年余りにわたって存続した。漢の高祖劉邦《りゅうほう》が魯を通りかかったとき、太牢《たいろう》の礼

（牛・羊・豚を供える最重要の礼）で祭祀した。図16がその場面である。

神秘の伝承

以上、『聖蹟図』に沿って孔子の生涯をたどってみた。おおよそこのようなストーリーで、孔子の生涯は理解されてきたのである。しかし、孔子の伝記が『史記』に著述されたのは、孔子の死後、数百年たってからである。また、『聖蹟図』には、『史記』孔子世家には見えない伝承も付加されている。

たとえば、孔子の誕生にまつわる神秘的な出来事。龍がやってきたり、星の精が舞い降りてきたり、天の音楽が聞こえてきたり、というような伝承は、『史記』にはまったく見えない。また、孔子の最晩年、六経の完成を祝して天から赤い虹が降り注いできたという話も、『史記』は記さない。こうした神秘的な伝承は、のちに付加されたものなのである。

特に、誕生に関わる部分に神秘的な伝承が見られるのは、世界の偉人に共通しているようである。イエス・キリストは、母マリアが処女懐胎してこの世に生を享《う》けた。ムハンマド（マホメット）が生まれたとき、はるか彼方のペルシアの宮殿には大きな地震が起こった。釈迦も、誕生後すぐに七歩歩き、「天上天下唯我独尊《てんじょうてんげゆいがどくそん》」と口にしたという。偉人には、異常出生譚がつきものなのである。これは、通常の出生であった場合、その人物の偉大性が矮小化《わいしょう》してしまうからであろう。また、その人物の父がさらに顕彰されてしまうからであろう。孔子にしても、キリストにしても、なぜか父の影は薄い。彼らは突如、偉大な天の使命を帯びてこの世に降《くだ》ってきたのである。

二　孔子の嘆き

孔子の夢

しかし、孔子の生涯は、苦難の連続であり、自らの理想をこの世に実現しようという願いは、決してかなえられることはなかった。

孔子は晩年に、こう嘆いたとされる。

甚《はなは》だしきかな吾《わ》が衰《おとろ》えたるや、久《ひさ》しきかな吾れ復《ま》た夢に周公《しゅうこう》を見ず。（『論語』述而篇）

若い頃の孔子は、希望に燃えて、しばしば周公旦《しゅうこうたん》の夢を見た。周公旦とは、周の開祖文王《ぶんおう》の子で、周王朝の基礎を固めた聖人である。この周公旦を理想として、孔子は若き日をすごしたのである。この夢は、孔子に強い自信を与えた。自分は天に支えられているという自負である。迫害にあっても、孔子は、「天徳を予に生せり。桓魋其れ予を如何せん」(『論語』述而篇）と豪語し、匡人に殺されそうになっても、「天の未《いま》だ斯《こ》の文《ぶん》を葬《ほろ》ぼさざるや、匡人其れ予を如何せん」（『論語』子罕篇）とくじけなかった（六四頁参照）。そして天への信頼を、「我を知る者は、其れ天か」（『論語』憲問《けんもん》篇）と吐露した。これらの言葉に共通するのは、孔子個人が天と向かい合っていること、そして、天が孔子の意志と行動を支える信頼の源となっていること、である。

そして、こうした天に対する意識は、その生涯にわたって見られた孔子の政治参加への強い意志と密接な関係にある。

・苟《いやしく》も我を用いる者有らば、期月《きげつ》のみにても可なり。三年にして成《な》す有らん。（『論語』子《し》路《ろ》篇）

もし私を登用してくれる者があれば、一年でも良い。三年もあれば、充分な成果をあげてみせよう。

・如《も》し我を用いる者有らば、吾は其れ東周《とうしゅう》を為《な》さんか。（陽貨《ようか》篇）

もし私を任用する者があれば、私はあの東周を再興してみせようか。

・我は賈《こ》を待つ者なり。（子罕篇）

私は、良い買い手を待っているのだ。

これらは、孔子自身と天との関係を無視しては考えられない。

「吾不復夢見周公」の石碑（陝西省岐山周公廟）

周公旦像（陝西省岐山周公廟）

しかし、孔子は天への信頼を明らかにする一方、人為ではどうしようもない天命の力を認めてもいた。

・君子に三畏《さんい》有り。天命を畏《おそ》れ、大人《たいじん》を畏れ、聖人の言を畏る。（『論語』季氏《きし》篇）

君子には三つの畏れるものがある。天命を畏れ、人徳者を畏れ、聖人の言葉を畏れる。

・命《めい》なるかな。斯《こ》の人にして斯の疾《やまい》有り。（雍也《ようや》篇）

天命であろうか。この人がこのような病になろうとは。

天と孔子

ここでの天は、不可避の力を持った「畏《おそ》れ」の対象として説かれている。孔子にとって、天は自らを支える信頼の源であるとともに、人為を超えた畏るべき存在でもあった。

それまでの中国では、天とこのような関係を持つとされるのは、「天子《てんし》」であった。天から命を下された地上の偉大な王が、天の子としてこの世を統治するという天命の思想である。その天が一介の士と一対一の関係を持つ。こうした思想こそ、実に孔子に始まるといってよい。孔子は天と直接向かい合っていたのである。

だから、晩年になって周公の夢を見なくなったというのは、単に孔子と周公の関係だけではなく、孔子と天命との関係について語ったものと考えられる。夢は、孔子と天とをつなぐ媒介だったのである。

また、なぜ周公なのだろうか。孔子と夢と天との関係から考えれば、ここに周公が登場するのは、単に周初の聖人を孔子が慕っていたからではない。孔子自身が周公のように、新たな制度の創始者になろうと思っていたからであろう。孔子の為政への意欲がいかに強くても、周の王族や公族でもない孔子が、君主の地位に昇るのは、その社会制度からしても元来不可能であった。したがって、その意欲を最大限に発揮できるのは、身分的には王者ではないが実質的には王者であるという聖人の立場である。ここに、周公旦が他の聖王を押しのけて登場する強い必然性があったといえる。

孔子は、かつてしばしば周公旦を夢に見た。それは、周公旦を理想の聖人と仰ぐ孔子の精神の発露でもあった。しかし、周公の治世をこの世に再現しようとする孔子の意志・熱情を支えていたのは、自らが周公のような聖人として天に見守られているという、天への厚き信頼と自負であった。そして、そうした信頼関係を象徴し、孔子の支えとなっていたもの、その一つが夢であり、特に周公が現れるという夢であった。孔子は、この夢に、周公のような歴史的役割をはたせという天の声を聞いていたのである。

だから、孔子が周公を夢に見なくなったというのは、周公の道の再現という孔子の理想が、ついに実現することなく天の支えを失ったことを暗示しているのである。「甚しきかな吾が衰えたるや」という孔子の嘆きは、我が精神・肉体の衰えに対する嘆きにとどまらない。現実世界に受け入れられることなく、ついに天との関係を失いつつある我が身への深い絶望感の表明でもあったのである。

三　君子と孔子

君子と従政

だが、弟子たちの目に、師の姿は、まったく違って見えていた。孔子は、弟子たちにとって常に理想の人であった。そのことを、儒家思想のキーワードの一つ「君子《くんし》」という語を手がかりに考えてみよう。

儒家にとって、「君子」とは何か。この問題に大きな手がかりを与えてくれるのは、近年発見された儒家系の出土文献である。上博楚簡《しゃんはくそかん》（一六頁参照）の『従政《じゅうせい》』は、政治に従事する際の心得を説いた文献であるが、そこでは、「従政（者）」と「君子」とがほぼ同じ意味で使われている。「従政」とは、政治に従事するという意味。その「従政」者・「君子」とは、国政を左右できるような地位の人である。

これまで、「君子」とは、その道徳性ばかりが注目され、「在野の人格者」とするような見方もあった。しかし、この出土文献では、「君子」は、単なる在野の人ではない。国政に参与できる地位や身分を持つ人なのである。

孔子自身は、「従政」への強い意欲を持ちながら、一国の命運を左右するような「従政」者の地位につくことはついになかった。しかし、孔子集団にとって、彼らの理想を実現するもっとも重要な方法の一つは、彼ら自身が「従政」者となり、国政に参画していくことであった。

また、孔子の弟子のうち、子路は魯や衛の行政に携わり、仲弓《ちゅうきゅう》は季氏の宰《さい》（長官）として、子夏《しか》は莒父《きょほ》の宰として行政にあたるなど、実際に「従政」者として活躍する者も現れる。しかもそうした彼らが、自ら進んで孔子に「問政《もんせい》（政治の要諦《ようてい》について質問）」したとされているのである。孔子の弟子門人たちにとって「従政」は、常に追求すべき切実な課題であった

上博楚簡『従政』第17簡（冒頭に「君子」の語が見える）

と考えられる。上博楚簡『従政』は、そうした儒家集団の強い要請によって生み出された文献であったといえよう。

理想の人格者

一方、孔子は、理想の人物像を「君子」と呼び、その特性をさまざまに語っている。

・人知らずして慍《うら》みず、亦た君子ならずや。(『論語』学而篇)

自分のことがわかってもらえなくても決して恨みに思わない。なんと君子であろうか。

・君子は徳を懐《おも》う。(里仁《りじん》篇)

君子はなによりまず、自分の内なる徳性に思いを致す。

・君子は諸《これ》を己《おのれ》に求む。(衛霊公篇)

君子は、自分自身に責任を求め、決して他人のせいにはしない。

・君子は人の美を成す。(顔淵篇)

君子は、人の美点を成しとげさせるよう配慮する。

・君子の徳は風なり。(顔淵篇)

君子の徳は、風のようだ。下の者は、草木のように、その風によって徳化される。

・君子は道を憂え貧を憂えず。（衛霊公篇）
　君子は、正しい道にはずれはしまいかと心配するが、貧しさはいっこう気にしない。


　そして、具体的には、次のような人たちを、孔子は「君子」と呼んでいる。たとえば、弟子の子賤《しせん》を「君子なるかな、若《か》くのごとき人」（『論語』公冶長篇）という。子賤は、魯の単父《ぜんぼ》という地の宰となり善政を布いたとされる。まさに「従政」者の典型といえる人物である。また、南宮适《なんぐうかつ》を、「君子なるかな、若《か》くのごとき人」（憲問篇）と評し、衛の大夫蘧伯玉《きょはくぎょく》について、「君子なるかな、蘧伯玉」（衛霊公篇）と、その出処進退のさまを誉《ほ》め、鄭《てい》の宰相子産《しさん》をすぐれた「君子」として顕彰している（公冶長篇）。

　このように、『論語』の中では、孔子が特定の人物を名指しして「君子」と呼ぶ場合が確かにある。それはすぐれた弟子や他国の重臣であった。

　それでは、孔子自身は、君子とは見なされていなかったのであろうか。実は、『論語』の中には、他者が、孔子を「君子」と認めている箇所も見られる。たとえば、有名な陳亢《ちんこう》と伯《はく》魚《ぎょ》（孔子の子）との問答。

　陳亢が伯魚に聞いた。「あなたも先生から特別の教えを聞いていますか」。答えて言う、

「まだ聞いておりません。ただ、ある時、父が一人立っておりまして、私が小走りに庭を過ぎようとしますと、『詩は学んだか』と聞かれました。『まだです』と答えますと、『詩を学ばないと、しっかりした言葉を発することはできないぞ』と言われました。そこで私はその場を退いて詩を学びました。また別の日、父が一人立っておりまして、私が小走りに庭を過ぎようとしますと、『礼は学んだか』と聞かれました。『まだです』と答えますと、『礼を学ばないと、人間として立つことはできないぞ』と言われました。そこで私はその場を退いて礼を学びました。しいて言えばこの二つを聞きました」。陳亢は喜んだ。「一つのことを聞いて三つの収穫があった。詩の大切さを聞き、礼の大切さを聞き、そしてまた君子がその子を遠ざけるのを聞いた」。（季氏篇）

陳亢が孔子の子の伯魚（孔鯉《こうり》）に、孔子の教育について質問した。伯魚の答えに陳亢は喜んで、「一を問いて三を得たり。詩を聞き、礼を聞き、又君子の其の子を遠ざくるを聞けり」と述べた。この「君子」とは「其の子（伯魚）」の父である孔子にほかならない。このように、『論語』の中には、他者が、孔子を「君子」としている場合もある。

孔子と君子

さらに、孔子自身が自らを「君子」だと示唆している用例も見られる。

学んで時に之を習う、亦た説《よろこ》ばしからずや。朋有り遠方より来たる、亦た楽しからずや。人知らずして慍《うら》みず、亦た君子ならずや。（学而篇）

古典を学習し、折にふれて復習する。なんと喜ばしいことではないか。親しい友が遠くからたずねてくる。なんと楽しいことではないか。他人に理解されなくても、恨んだりしない。なんと君子ではないか。

本章の冒頭に紹介した通り、清の学者阮元《げんげん》は、この章の三句は、ともに孔子が自身について述べていると説く。「人知らずして慍みず」という「君子」の姿は孔子の人生そのものであった。

子、九夷《きゅうい》に居《お》らんと欲《ほっ》す。或《あ》ひと曰く、「陋《ろう》なり。之を如何《いかん》」。子曰く、「君子之に居れば、何ぞ陋なること之《こ》れ有らん」。（子罕篇）

孔子は、乱世を嘆き、いっそ夷狄《いてき》の地にでも行きたいと考えた。ある人が「夷狄の地はいやしいところです。いかがなものでしょう」と言った。孔子は、「たとえ蛮夷の地であろうとも、君子がそこに住めば、周囲を感化するだろうから、どうして野卑なことがあろうか」と説いた。

蛮夷の地に住むという「君子」とは、この場合、孔子自身を念頭に置いているであろう。また、次の子路《しろ》と孔子の問答でも、君子と孔子とは重なって見える。

子路が言った、「衛の君主が先生を招いて政治を行おうとすれば、先生はまっさきに何をなさいますか」。孔子は言った、「それは何より名を正すことだろうね」。子路は言った、「またこれだ。先生のまわりくどいことは。何を正そうというのですか」。孔子は言った、「あいかわらず野卑だなあ、お前は。君子は知らないことについては、さしひかえるものだ。名が正しくないと、言葉はうまく通じない。言葉がうまく通じなければ、事業は成就しない。事業が成就しなければ、儀礼や音楽は盛んにならない。儀礼や音楽が盛んにならなければ刑罰は乱用される。刑罰が乱用されれば、民は身の置き所がなくなる。だから君子は、ものに名付ければ必ず言葉にでき、言葉にできれば、必ず実行で

きるようにする。君子は、言葉を少しもゆるがせにしないのだ」。（子路篇）

孔子は、政治でまず着手すべきことは「名を正す」（乱れてしまった名称と実態との関係を是正する）ことであると述べる。その理由は、「名を正す」ことが政治の最重要の基盤だからである。名を正せば、言葉が通い合い、言葉が通い合えば、事業が成功し、事業が成功すれば、民心を正す礼楽が盛んになり、礼楽が盛んになれば、刑罰が適切に施行される。こうした過程を経て、政治が完成するというのである。ここでも、仮定ではあるが、こうした政治を実践しようとする「君子」とは孔子自身にほかならない。

このように、『論語』の中には、孔子が自らを君子であると示唆している言も見られる。前記のさまざまな用例とも考えあわせると、当時の儒家集団や『論語』の編纂者・読者にとって、君子と孔子とは、ほぼ重なって見えていた可能性が高い。孔子の弟子門人たちは、こうした君子の具体的イメージをもとに、自らが君子たることを目指したのであろう。

儒家系文献では、しばしば「君子」が重要な話題の一つとされる。しかも、それらが政治的文脈の中で語られる。「君子」とは、単に、人格者を理念型として提示したものではなく、儒家自身の切実な問題として追求された「従政」者像を示すものであった。また、その「君子」の具体的イメージとして、孔子の姿が強く意識されていた可能性を指摘できる。つまり、儒家にとって、「君子」像と「孔子」像とはほぼ重なって見えていたのである。

四　孔子の思想

では、弟子たちが惚《ほ》れ込んだ孔子の思想とは、いったいどのようなものであったのか。実は、この問題に答えるのはなかなか難しい。というのは、のちの『孟子』や『荀子』のように、必ずしもその思想がまとまって明快に論述されているわけではないからである。孔子の思想を知りうるのは『論語』であるが、それは、弟子や門人たちとの短い問答、あるいは、孔子自身のつぶやきからなり、いわば断片的な言葉の集積である。そこで、孔子の思想の全体像を復元するためには、まず、こうした言葉を整理し、総合的に考えてみなければならない。また、後世の儒者たちが、どのように思想を展開していったのか、という点から逆算して考えてみることも必要である。

礼の重視

そこで、まず思い起こされるのは、『聖蹟図』に描かれた幼少の頃の孔子である。孔子は、幼い頃、俎豆《そとう》を並べて遊んだという（六〇頁参照）。つまり、大人のまねをして礼の稽古《けいこ》に励んだのである。この故事を反映するかのように、『論語』の中には、礼を重視する孔子の言葉が見える。

子曰く、之《これ》を道《みちび》くに政《せい》を以《もっ》てし、之を斉《ととの》うるに刑を以てすれば、民免《まぬか》れて恥無《はじな》し。之を道くに徳を以てし、之を斉うるに礼を以てすれば、恥有りて且《か》つ格《ただ》し。（為政《いせい》篇）

民を指導するのに政治的手段により、きちんとさせるのに刑罰によれば、彼らは刑罰を免れることばかり考えて、恥の意識をなくしてしまうであろう。これに対して、指導するのに道徳により、きちんとさせるのに礼によれば、彼らは恥の心を持ち、正しくなるであろう。

刑罰とは、国家が制定した法に基づく制裁である。もともと法とは、人民に公布されるものではなかった。春秋時代に入り、世の中が乱れてくると、法の具体的な内容と、それを犯した場合の刑罰をあらかじめ人民に示すようになった。いわゆる実定法《じっていほう》の登場である。これによって、国家は思い通りに民を誘導しようとしたのである。だが、こうした手法には弱点があった。ずるがしこい民は、その法の網の目をくぐりぬけようとする。見つからなければよいでしょう、という厚顔無恥な態度である。これでは、いくら熱心に政治を行っても、民は決してついてこない。

孔子は、こうした世相と民の心とを推し量り、こう考えた。道徳で民を導き、礼で民を整えようと。礼とは、長い年月をかけて蓄積されてきた礼儀や慣習である。一定の拘束力を持つが、法のように明文化されておらず、刑罰のような強制力はない。礼を守るかどうかは、あくまでその人の品格の問題である。だが、為政者がこの礼を尊重することによって、民の心におのずから恥の気持ちが芽生えるというのである。少し遠回りではあるが、結局、これが人々を正道に導くための近道だと考えたのである。

また、この礼は、対人関係において意識されるが、それがもっとも顕在化するのは、相手が親や上司の場合であろう。

子曰く、生《い》けるには之《これ》に事《つか》うるに礼を以てし、死すれば之を葬《ほうむ》るに礼を以てし、之を祭《まつ》るに礼を以てす。(為政篇)

親や年長者が生きているときには礼によってお仕えし、亡くなったときには礼によって葬り、また礼によって祭る。

相手が生きているときには当然のこと、礼によってお仕えする。亡くなったときも礼によって丁重に葬り、そして死後も永く礼によって祭る。人生の大切な局面、冠婚葬祭はすべて礼によって執《と》り行うのである。

国家の礼も同様である。諸外国から賓客《ひんきゃく》を招いて外交するときは「賓礼《ひんれい》」を用い、軍事行動を起こすときにも礼があり、これを「軍礼《ぐんれい》」という。こうした中国古代の礼は、『周礼《しゅらい》』『儀礼《ぎらい》』『礼記《らいき》』にまとめられた。『周礼』は、周王朝の官制をまとめた書、『儀礼』は、貴族（卿・大夫・士）のこまごまとした冠婚葬祭の作法を説明したもの、『礼記』は、礼に関する議論の書で、孔子の論説だとされる言葉を多く収録する。あわせて「三礼《さんらい》」と呼ばれる。

このように、礼とは、その礼を実践することによって、人間に品格を与えようとするものである。いわば外側から人間を美しくするものであるといえよう。

道徳の根本としての孝

これに対して、直接目には見えないが、うちなる心として重視されたものがある。それが「孝」である。孝とは、まず、子に求められる家庭内の道徳として説かれる。

子曰く、弟子《ていし》入りては則ち孝、出《い》でては則《すなわ》ち悌《てい》。(学而篇)

孔子は、弟子(若者)に向かって、家庭の内では親孝行に、外では悌(年長者に従うこと)に努めよという。何よりもまず、子がよく親に仕えることが孝なのである。

だから子は、父の存命中には、父に逆らってまで自己表現をすることはできない。そこで、ある人物を評価するときには次のような注意が必要であるという。

子曰く、父在《い》ませば其の志《こころざし》を観《み》、父没《ぼっ》すれば、其の行いを観る。三年父の道を改むること無きを、孝と謂《い》うべし。(学而篇)

その人の父親が生きているときには、その人の内なる志を評価してあげる。その父親が亡くなった後は、自由に行動できるから、その人の実行力で評価してあげる。ただ、三年間、父親のやり方を改めないのが「孝」である。

父親が生きているとき、その人は父親に遠慮して、言動を自己規制する。そこで、その人物を評価するときには、彼の隠れた意志をくみ取る必要がある。孝子であれば自分を抑《おさ》えているからである。そしてその父が亡くなり、いよいよ自己実現ができるようになった後には、彼の実際の行いで評価する。しかし、父が亡くなったからといって、ただちに親のやり方を改めるのは不孝であり、父の死後三年（服喪の間）、その道を改めないのが孝である。

この孝は、すべての道徳の根本とされた。

孝弟《こうてい》なる者は、其《そ》れ仁の本為《もとた》るか。（学而篇）

『論語』の中で、もっとも多く語られる徳は「仁」である。訳しにくい語であるが、通常は、「思いやり」と説かれる。その仁でさえ、孝悌が基本になっているというのである。思いやりという漠然とした道徳は、意外とわかりにくい。その具体的なあり方は、まず親に対する愛であり、年長者に対する敬意なのである。

礼が外側から人間を規制し、その形式によって人の美を追求するものであるのに対し、孝は、人間のもっとも素朴な心情を、あらゆる道徳の基盤として重視するものである。

孔子の思想の展開

つまり、孔子の思想には、外なる礼と内なる孝という二つのまなざしがある。一方に偏らない総合性が、孔子の思想に奥行きを与えているといえる。のちに孟子は、孔子をこう評した。

仲尼《ちゅうじ》（孔子の字）は已甚《はなは》だしきことを為《な》さざる者なり。（『孟子』離婁《りろう》下）

孔子は中庸をわきまえた人であったと。教祖には、こういう懐《ふところ》の深さが必要なのであろう。悪くいえば、何でもありのぼんやりした思想だともいえるが、よくいえば、人間を多角的にとらえた包括的な思想であったと評価できる。弟子たちは、このとらえどころのなさに困惑しつつも、その思想の大きさに圧倒されたに違いない。愛弟子の顔回《がんかい》は、こう言っている。

之を仰《あお》げば弥々《いよいよ》高く、之を鑽《き》れば弥々堅《かた》し。（『論語』子罕篇）

先生は、仰ぎ見れば見るほど、ますます高く、切り込めば切り込むほど、ますます堅い。

孔子は、弟子にとって、巨大な存在であった。

そこで、弟子門人たちは、孔子の思想を継承するに際し、その総体をそのまま引き継ぐことはできなかった。ある側面を取り上げ、それを強調しながら伝えていくことになったのである。

たとえば、曾子《そうし》である。曾参《そうしん》、字は子輿《しよ》。この弟子は、親孝行の人として知られ、『孝経《こうきょう》』の著者とされる人物である。曾子が強調したのは、もちろん「孝」の道徳であった。その曾子に学んだのが、孔子の孫にあたる子思《しし》である。『中庸』は、その子思学派の著作とされる。その子思の門人に学んだのが、孟子である。性善説を説いたことで有名である。この系統の弟子門人たちは、孔子の思想のうちの、特に内面性を重視し、それを「孝」や「中庸」や「性善」といったキーワードで展開していったのである。

これに対して、礼を重視したのは、子游《しゆう》や子夏《しか》のグループである。『論語』子張《しちょう》篇に面白いエピソードが記されている。

あるとき、子游が子夏の門人たちを論評して次のようにいった。「子夏の門人小子《しょうし》、洒《さい》掃《そう》・応対・進退に当たりては、則《すなわ》ち可《か》なり。抑々《そもそも》末《すえ》なり。之を本《もと》づくれば則ち無《な》し」と。つまり、子夏の門人たちは、掃除や応対や身のこなし方といった形式的なことは一応できるが、それは些末《さまつ》なことである。本質がなっていないと。これに対して、子夏はこう切り返す。「君子の道は、孰《いず》れをか先に伝え、孰れをか後に倦《う》ましめん」と。君子の道は、何を先に伝え、何を後から習熟させるのかは、ケースバイケースであると。

このエピソードは、同じく礼の尊重とはいっても、弟子たちの間で、その取り組み方に微

（上）曾子像（山東省済寧市嘉祥）
（下左）子夏（『聖廟祀典図考』）
（下右）子游（同）

妙な違いのあったことを示している。子夏の弟子たちは、厳格に礼の形式を守り、その形式美に酔いしれていたのであろう。子游はそれが気に入らない。礼は心が肝心だ。礼の精神をおろそかにして形式ばかり追求しても意味はないと考えたのである。

ともあれ、この弟子門人たちは、礼を尊重した。その流れを汲《く》むのが荀子である。荀子は性悪説を説き、人間を善に向かわせるために礼が重要であると説いた。彼らは、孔子の思想のうちの、いわば外面性を重視した弟子たちである。

このように、孔子の思想は、弟子門人たちの興味関心に沿って、分割伝承されていった。近年発見された新出土資料もそのことを裏付けている。

たとえば、序章で紹介した上博楚簡《しゃんはいそかん》の中には、『孔子詩論』という出土文献が含まれていた。今に伝わる『詩経』の内容と一部類似する点があり、要所要所に孔子の言葉が引用されている。孔子は詩について造詣《ぞうけい》が深かったと言いたげな文献である。また、『内礼《ないれい》』という出土文献は、今に伝わる『大戴礼記《だたいらいき》』の曾子立孝篇《りっこう》・曾子事父母篇《じふぼ》や『礼記』曲礼上篇《きょくらい》との間に関連が認められる。篇名には「礼」の字が付くが、「孝」についても説く文献で、孔子の思想の内外両面に触れようとした形跡がある。

『君子為礼《いれい》』という出土文献は、孔子と弟子との問答で構成される。前半部は孔子と顔回との「礼」と「仁」の関係についての問答、後半部は子羽《しう》と子貢《しこう》とが、孔子と子産《しさん》のどちらが賢人であるかという内容の問答を行っている。これも、君子と礼との関係が一つの主題となっている文献である。さらに、先の節で紹介した『従政』は、「君子」のあり方、特にその心構えを示すという方法で、儒家集団の政治参加の方法について説いていた。

このように、孔子の思想は、弟子門人たちによってさまざまな形をとりながら継承されていった。それは、つきることのない源泉が、やがていくつもの支流に分かれながら、全体として一つの大河を形成していくさまに似ている。孔子という源泉と、それを受け継ぎ大河とした弟子たち。それはやがて、漢代に入り、「儒教」という国家教学として、さらに大きな流れとなっていく。

【故事成語で読む諸子百家】韋編三絶《いへんさんぜつ》

易を読み、韋編《いへん》三《み》たび絶《た》ゆ。(『史記』孔子世家)

孔子は、晩年になって『易』を愛読し、繰り返し熟読したので、竹簡を綴じている横糸が何度も切れたという。『史記』孔子世家に見える故事である。『論語』述而篇にも、こうある。「私に数年の時間が与えられ、五十歳になって『易』を学ぶことができたら、それによって人生を大過なくすごすことができよう」と。

ここにいう「三」とは、具体的な数を示す語というよりは、イメージを表す語であろう。「三」とは、何度も、たびたび、というイメージを表す。ここから、「韋編三絶」とは、熱心な読書、繰り返して本を読むことを意味するようになった。

ところで、孔子は本当に『易』を読んだのか。この問題は、これまで、大きな謎に包まれていた。だが、上海博物館蔵戦国楚竹書《ちくしょ》（上博楚簡《しゃんはくそかん》）によって、新たな展開がもたらされた。上博楚簡の中には、『易』（『周易』）が含まれていたのである。それは、全五十八簡からなる『易』のテキストで、全六十四卦《か》のうち、三十五卦分、千八百字が記されていた。竹簡には、それぞれ上端から、卦画《かかく》（䷄や䷆といった記号）・卦名《かめい》（需《じゅ》や師《し》と

上博楚簡『周易』革卦（䷰）冒頭部

いった卦の名称）・卦辞《かじ》（卦の意味の解説）・爻辞《こうじ》（卦を構成する各爻の解説）が連続して記されており、今に伝わる『易』と基本的には一致する内容であった。

上博楚簡は、戦国時代中期の写本と推定されている。その原本の成立は、それを相当にさかのぼるであろう。とすれば、春秋時代末期の孔子が、すでにこうした『易』のテキストを読んでいた可能性は充分に考えられる。「韋編三絶」の故事が、改めてリアルによみがえってくるのである。

第三章　人間への信頼——孟子の思想——

人皆《みな》人に忍《しの》びざるの心有り。（『孟子』公孫丑《こうそんちゅう》上篇）

人には皆、他人の悲しみを見過ごすことのできない同情心がある。

仮に幼児が井戸に落ちかけているのを見たら、どんな人でも驚きあわてて、いたたまれない気持ちになるであろう。孟子はこうした素朴な心情の存在を根拠として、人間の本来性を「四端《したん》」として説明する。人間には本来的に、「惻隠《そくいん》（いたわり）の心」、「羞《しゅう》悪《お》（己《おのれ》の不善を恥じ人の悪をにくむ）の心」、「辞譲《じじょう》（けんそん）の心」、「是非《ぜひ》（善悪を判断する）の心」の四つ（四端）が備わっていて、これを発展させていくと、それぞれ「仁」「義」「礼」「智」の道に到達するという。いわゆる性善説の主張である。

新出土文献の発見によって、孟子以前から、人の性についての議論がさまざまになされていたことが明らかになった。性善説も決して孟子の専売特許ではなかったようである。

しかし、人間の本性に注目し、その善性を高く評価する孟子の思想は、儒家の本流として、後世にも強い影響を与えた。人間の本性に対する深い信頼。それが儒家思想の根本原理の一つである。

　新出土文献の発見によって、もっとも大きな見直しを迫られているのは、孟子の思想である。これまで、孟子の思想は、『論語』に見える孔子の思想との関係を軸に理解されてきた。孔子の思想を直接継承した偉大な思想家が孟子であるという位置づけである。孟子を「亜《あ》聖《せい》」と呼ぶのは、そうした評価を前提にするものであろう。

　ところが、郭店《かくてん》楚簡《そかん》や上博楚簡《しゃんはくそかん》などの新出土文献は、孟子以前の儒家たちが活発な思想活動を展開していたことを物語っている。たとえば、通説では、人間の本性を善と考える「性善説」は、孟子が初めて説いたことになっている。それまでは、性に関する思索はほとんどなされることがなく、孟子の時代に初めて活発に議論されるようになったと考えられてきたのである。しかし楚簡の中には、性に関するさまざまな議論が説かれていて、孟子の性善説に類似するような考え方もすでに見えているのである。

　はたして性善説は孟子の独創なのか。こうした疑問は、戦国楚簡の発見によって初めて浮上してきた大問題であるといえる。いずれにしても、孟子の思想の形成過程やその意義について、大きな見直しが迫られていることは間違いない。ここではできるだけ、そうした新たな孟子観についても触れることとするが、まずは、孟子の生涯を振り返るところから始めてみよう。

一　孟子の生涯と『孟子』の編纂

謎に包まれた前半生

孟子（名は軻《か》、字《あざな》は子輿《しよ》）は、紀元前三七〇年頃、鄒《すう》（山東省）という小国に生まれた。孔子の出生地魯《ろ》の隣国である。ただ、明確な生卒年はわからない。前三七〇年頃とするのは一つの有力な仮説であるが、その説が導かれたのは、次のような理由による。

前三二〇年頃、孟子は、梁《りょう》（魏《ぎ》）の恵王《けいおう》（在位前三六九～前三一九）に面会して、自らの理想を説いた。『孟子』梁恵王上篇に見える長大な問答はこの折のことを記したものである。この会見の冒頭、恵王は孟子に向かって、「叟《そう》、千里を遠しとせずして来たる」、「叟」は千里の遠い道のりをはるばるおいで下さった、と呼びかけている。「叟」とは、長老に対する呼び名である。少なくとも五十歳程度であると考えられる。ここから逆算して、孟子が生まれたのは、前三七〇年頃とされるわけである。ただ、実態はわからない。

幼少期の伝記も不明である。よく知られた「孟母三遷《もうぼさんせん》」や「孟母断機《だんき》」の故事も、後世創作された可能性が高く、実話であったかどうかは疑わしい。「孟母三遷」とは、孟子の母が三度住居を変えて孟子の教育に努めたことをいう。はじめ墓地の近くに住んでいたときには、孟子は葬式ごっこをして遊び、市街地に転居すると商売のまねをして遊んだので、最後は学

孟子像（山東省鄒城市孟子廟）

孟子廟石碑（左から孟母断機、孟母三遷、子思子作中庸の碑）

校のそばに移ったという話である。環境が子どもに与える影響について考えさせる話であるとともに、子ども思いで教育熱心であった孟子の母を髣髴《ほうふつ》とさせる故事である。

もう一つの故事が「孟母断機」。勉強を途中で投げだして帰ってきた孟子に対し、母は機《はた》で織りかけていた布を断ち切って、勉強を中断するのはこれと同じだといって戒めたという。これも、学業を継続することの重要性とともに、孟子の母の教育熱心さを伝える故事である。いずれも前漢末の劉向《りゅうきょう》が編纂した『列女伝《れつじょでん》』に記されているので、孟子自身というよりは、孟子の母に注目する説話であろう。

次に青少年期であるが、これも詳しい活動の状況は、ほとんどわからない。ただ、当時は、「楊朱《ようしゅ》・墨翟《ぼくてき》の言、天下に盈《み》つ」(『孟子』滕文公《とうぶんこう》下)といわれるような、激しい「思想」の季節であった。孟子の周囲には、極端な享楽主義を説く楊朱や、兼愛・非攻説などを説く墨家集団の活動が際だっていた。とともに、戦国時代の諸国分裂状態から、徐々に中国統一への展望が開けつつある時代でもあった。

孟子の思想形成

こうした激動の時代にあって、孟子はどのようにして思想形成をしたのか。紀元前三二〇年頃には、梁の恵王の前で堂々の論陣を張っている。このようなゆるぎない思想体系が形成されるためには、何かがあったはずである。一つの可能性として指摘されているのは、孟子が、当時の文化の最先端地である斉《せい》に遊学したということである。斉は、孟子の故国鄒の隣の大国で、多くの思想家を食客《しょっかく》として抱え、議論・著述に専念させていた。彼らは「稷下《しょっか》の学士」と呼ばれる。斉の首都臨淄《りんし》の稷山《しょくざん》の麓（または稷門《しょくもん》の近く）に邸宅を与えられたからである。孟子は、この稷下で多くの学士と議論を戦わせる中で、自らの思想を形成していったのではないか。

いずれにしても、孟子は、四十歳頃、「我四十にして心を動かさず」（『孟子』公孫丑上）と、「不動心」の境地に至ったと述べている。そして鄒に学団を形成して、活動を開始した。

もう一つの伝承として、孟子が子思《しし》（孔子の孫）の門人に学んだというのがある。孟子は、「不幸にも生まれてくるのが遅くて孔子の直接の弟子にはなれなかったが、ひそかに孔子の教えを人から学んで自分自身を修めることができた」（離婁《りろう》下）と感激の言葉を残している。これにより、孟子は孔子の思想に傾倒していったことがわかる。仮に孟子が斉の稷下に遊学し、さまざまな思想から影響を受けたとしても、その思想の核心は、あくまで孔子の思想であったということになる。

だからたとえば、孟子は、古代の聖人について論評する中で、その中でも特に孔子を理想として学んでいきたいと宣言した（公孫丑上）。また、孔子が世の中の混乱衰退を嘆いて

『春秋』を著作し、それにより、世の乱臣・賊子《ぞくし》が震え上がったと説いた（滕文公下）。さらには、孔子を讃えて、「仲尼《ちゅうじ》（孔子の字）は已甚《はなは》だしきことを為《な》さざる者なり」（離婁下）と、孔子が中庸をわきまえた人であったと述べ、「孔子は聖の時なる者なり。孔子はこれを集めて大成すと謂《い》う」（万章《ばんしょう》下）と、孔子は聖人中の聖人、集大成者であったと高く評価する。

このようにして、自己の思想を確立した孟子は、弟子を引き連れて、いよいよ諸国遊説の旅に出る。明確に孟子の事績が表れてくるのは、この頃からである。

諸国遊説と晩年の姿

前三二〇年、孟子は梁の恵王と会見する。よく知られた「五十歩百歩」のたとえを引き、人口の多寡《たか》を気にする恵王を諌《いさ》め、仁政の重要性を説いたのはこのときのことである（一二一頁参照）。

しかし、前三一九年、孟子に理解のあった梁の恵王が死去。王位を継承した襄王《じょうおう》（在位前三一八～前二九六）は凡庸な君主であった。孟子は襄王の人柄に失望して梁を去った。王道・仁政という孟子の理想は、実現されることはなかったのである。

次に孟子が向かったのは斉である。前三一八年、孟子は斉の宣王《せんおう》（在位前三一八～前三〇一）と会見。客卿《かっけい》として優遇され、この地に滞在することとなった。このとき、一つの事件が起こる。前三一六～前三一五年、燕王の噲が、わが子（太子の平）にではなく、大臣の子之《し》に王位を禅譲《ぜんじょう》しようとしたのである。これにより燕に内乱が勃発。孟子は、宣王の下問に答えて、この機に乗じて軍事介入すべきであると勧めた。

前三一四年、宣王は、軍事侵攻を決意し、斉軍は燕に侵入。燕を支配下に置いた。ところが、前三一二年、燕に反乱が起こり、また、諸国も燕を救援しようとしたため、斉は、燕から全面撤退した。この事件により、孟子は責任を問われる形となり、斉の宣王と対立し、斉を退去することとなった。数年に及ぶ斉の滞在でも、孟子は王道政治の夢を実現させることはできなかったのである。

その後、孟子は、宋・薛《せつ》・滕《とう》を遊歴する。前三〇五年には、魯に赴き、平公と会見できることとなったが、平公のとりまきの臧倉《ぞうそう》という者が孟子を中傷したため、結局、実現しなかった。「吾の魯侯に遇《あ》わざるは天なり」、これも天命なのだと悟った孟子は、ついに遊説活動を引退して鄒に帰国した。以後は教育・著述に専念する。卒年は不明であるが、おそらく前三〇〇～前二九〇年頃に鄒で亡くなったものと思われる。

『孟子』七篇の成立

晩年の孟子が弟子たちとともに編纂したとされる『孟子』七篇は、孟子の思想を今に伝え

孟子卷第一　趙氏注
梁惠王章句上　梁惠王者魏惠王也魏國名惠謚也王號也時天下有七王皆僭號
者也猶春秋之時呉楚之君稱王也魏惠王居於大梁
故號曰梁王聖人及大賢有道德者王公侯伯及卿大
夫咸願以爲師孔子時諸侯問疑質禮若弟子之問師
也魯衞之君皆尊事焉故論語或以弟子名篇而有衞
靈公季氏之篇孟子亦以大儒爲諸侯師是
以梁惠王滕文公題篇與公孫丑等爲一例也
孟子見梁惠王　孟子適梁魏惠王禮請孟子見之　王曰叟不遠
千里而來亦將有以利吾國乎　曰辭也叟長老之稱
也猶父也孟子去齊老而之魏故王尊禮之曰父不遠
千里之路而來至此亦將有可以爲寡人興利除害也
孟子對曰王何必曰利亦有仁義而已矣
孟子知王欲以富國彊兵爲利故曰王何必以利爲名
乎亦惟有仁義之道者可以爲名以利爲名則有不利
之患矣因爲王陳之　王曰何以利吾國大夫曰何以利
吾家士庶人曰何以利吾身上下交征利
而國危矣　征取也從王至庶人故言上下交爭各欲利其身必至於簒弑則國危亡矣論
語曰放於利而行多怨故不欲使王以利爲名也又言交爲俱也　萬乘之國弑其
君者必千乘之家　萬乘兵車萬乘謂天子也千乘兵車千乘謂諸侯也夷羿
之弑夏后是以千乘取萬乘也　千乘之國弑其君者必百乘

『孟子』冒頭部

る貴重な文献である。七篇とは、梁恵王《りょうけいおう》、公孫丑《こうそんちゅう》、滕《とう》文公《ぶんこう》、離婁《りろう》、万章《ばんしょう》、告子《こくし》、尽心《じんしん》の七つであり、これらの篇名は、いずれも、各篇冒頭の語をとって付けたものである。『論語』の学而篇が「学而時習之（学んで時に之を習う）」の冒頭の二字によるのと同様である。このうち、梁恵王と滕文公は君主の名、公孫丑と万章は孟子の弟子の名、離婁は古代聖王黄帝《こうてい》の臣下の名、告子は孟子と性説を争った論敵の名、尽心は「その心を尽くす」という冒頭の言葉による。

　また、古代の思想文献は、問答体によって構成されることが多く、この『孟子』でも、基本的には、王と孟子、あるいは孟子と弟子との問答・対話の形式をとる。特に、梁恵王篇は、梁の恵王、斉の宣王から魯の平公まで、孟子が会見した（あるいは会見しようとした）王が順序よく登場し、孟子の遊歴に沿って編纂しようとした意図が明確に読み取れる。告子篇も、人間の本性の問題をめぐって、孟子と告子との長大な論争が記されている。ただ、離婁篇の後半や尽心篇は、「孟子曰く」

として、比較的短い孟子の言葉が集積されているだけで、長文の問答や対話は見えない。おそらく、篇ごとに編集意図や責任者が異なっていたのであろう。

しかし、古代の思想文献のほとんどに資料的な不安がある中で、『孟子』はきわめて信頼の置ける資料として重視されてきた。たとえば、『老子』はいつ頃成立した文献なのか皆目わからず、『韓非子』は、その中のどの篇が韓非本来の思想を伝えるものであるかについてさまざまな議論があり、『荘子』も、思想家の自著の部分と後世付加された部分とを区別して考えるのが通常である。これに対して、『孟子』は、紀元前三〇〇年頃、孟子とその弟子たちによって編纂されたことが明らかになっており、戦国時代中期の思想を伝える文献としてゆるぎない地位を築いているのである。

二　孟子の思想

王道政治

それでは、『孟子』七篇からうかがうことのできる孟子の思想とはどのようなものであろうか。

『孟子』の冒頭には、梁の恵王と孟子との対話が記されている。隣国に比べて人口が少ないことを気にする恵王に対して、孟子は、そんなことは「五十歩百歩」にすぎず、重要なのは、仁義に基づく政治を行うかどうかだと主張する。恵王は、人口の多寡がそのまま生産力や軍事力の大小につながると考えたのであろう。戦国時代を生きる君主として国益を重視した当然の発言であるともいえる。しかし孟子は、人徳ある王者が民に暖かい仁政をほどこせば、だまっていても民が移住してくるはずだと反論する。人口の多少という「五十歩百歩」の違いに一喜一憂するのではなく、王道政治の実現という本質に目覚めるべきだというのである。

その第一歩として、孟子は、「生を養い死を喪《そう》して憾《うら》みなきは、王道の始めなり」（梁恵王上）と述べる。つまり、衣食住という基本的な生活を保障し、死者の葬儀が遺憾なく行われるようにすることが王道政治の出発点だというのである。

また、この理想を実現するために、孟子は、民に「恒産《こうさん》」（安定的な生業）を持たせることが重要であり、為政者が「庠序《しょうじょ》」（学校）を整備すべきであると説いた。「恒産」がなければ「恒心」（安定的な精神）を持つことはできず、学校でこそ「人倫」（人の道）を教えることができると考えたからである。

さらに、滕《とう》の文公に政治の心得を聞かれた孟子は、学校の整備とともに、井田《せいでん》制などの行政改革を説いている。井田制とは、一里（約四百メートル）四方の土地を「井」の字の形に九等分した上で、このうちの周囲の八区画を八家族の民に分与し、残りの中央一区画を公田として共同耕作させた後、その収穫を租税として上納させるという土地制度である。これも、民生の安定を主眼とする孟子の政治論の一環であった。

そして、こうした政策を、梁や滕といった特定の国にだけではなく、世界の隅々にまで拡充させようとするのが、孟子の理想であった。仁政は、周囲を感化することができ、やがて世界のすべての人々がその王者に帰服してくると孟子は考えたのである。「仁者は敵なし」（梁恵王上）と孟子は説く。戦乱の続く時代にあって、真の王者は軍事力を行使するまでもなく、その人徳によって世界の人々を帰服させることができるというのである。

こうした孟子の政治論は、歴史の中から生み出されたようである。つまり孟子は、政治の理想の姿を堯《ぎょう》・舜《しゅん》などの歴史上の「先王」に見たのである。古代聖王の政治を理想とし、「先王の道」や「先王の法」（離婁上）を規範として政治を実践すべきだというのである。

天命と革命

では、堯や舜といった聖王は、なぜ理想の政治を実現することができたのであろうか。孟子は、その答えを「天命」に求めた。王権は、人為（戦争）によって奪取するものではなく、天命によって授与されるものである。王朝の交代も、天命という正当性があればこそ実現するのであると説く。

これに対して、斉の宣王は、孟子に次のような質問をした。殷《いん》の湯王《とうおう》は、桀《けつ》（夏《か》王朝最後の暴君）を伐《う》ち、また、周の武王は紂《ちゅう》（殷王朝最後の暴君）を伐って、王朝交代をはたしたのではないのか。これらは臣下が君主を伐って政権を簒奪《さんだつ》した事例ではないのかと。これに対して孟子は答える。「残賊《ざんぞく》の人は、これを一夫《いっぷ》と謂《い》う。一夫紂を誅《ちゅう》するを聞けるも、未だ君を弑《しい》せるを聞かざるなり」（梁恵王下）と。つまり、仁義をそこない民を苦しめる「残賊」の人は、君主とはいえない。桀や紂は残賊の「一夫」にすぎず、湯王や武王はこの一夫を誅伐したまでだというのである。

孟子によれば、夏王朝や殷王朝の滅亡は、いったん下った天命が革《あらた》まったこと、すなわち「革命」にほかならなかった。仁義の心を忘れて民を苦しめた桀や紂は、もはや王ではなく、誅伐されるべき「一夫」にすぎなかったのである。

このように、孟子の政治論には、天命と民が重要な位置を占めている。だから孟子は、「民を貴《たっと》しと為し、社稷《しゃしょく》はこれに次ぎ、君を軽しと為す」（尽心下）とも述べている。君主は天命によって王権を授与され、民の支持があって初めてそれを維持できると考えたのである。

性善説

しかし、こうした政治論が有効性を持つためには、そもそも天命を受けるに足る偉大な聖人が出現し、また、民の側もそれに感化される資質を持っている、ということが前提になろう。つまり、人間の資質について、何らかの保証が必要となるのではなかろうか。孟子はこの点について、まずは、人間の本性が善であるという「性善説」を主張する。

人には皆、「人に忍びざるの心」がある。他人の悲しみを見過ごすことのできない同情心である。仮に幼児が井戸に落ちかけているのを見たら、たとえどんな人でも驚きあわてて、いたたまれない気持ちになろう。孟子はこうした素朴な心情の存在を根拠として、人間の本来性を「四端《したん》」として説明する。人間には本来的に、「惻隠《そくいん》の心」、「羞悪《しゅうお》の心」、「辞譲《じじょう》の心」、「是非の心」の四つ（四端）が備わっていて、これを発展させていくと、それぞれ「仁」「義」「礼」「智」の道に到達するというのである（公孫丑上）。また、人間には、本来的に社会生活を営む上で必要となる知能が備わっているという。「人の学ばずして能《よ》くする所の者は、その良能《りょうのう》なり。慮《おもんぱか》らずして知る所の者は、その良知なり」（尽心上）と。「良知」「良能」は後天的に学んで習得するものではなく、先天的に備わっているものなのである。

もちろん、こうした善性は天によって与えられたものである。だから、「その性を知れば、則ち天を知るべし」（尽心上）というように、人は自らを省みることによって「天」の存在に気づくことができるとされる。孟子の性説で「反省」がことさら強調されるのはこのためである。

・仁者《じんしゃ》は射《しゃ》の如《ごと》し。（公孫丑上）
仁とは弓を射るのと同じである。姿勢を正して矢を放つ。命中しなくても、自分に勝った相手を憎むことなく、己《おのれ》に欠点はなかったかと反省してみる。
・行いて得ざる者あれば、皆諸《これ》を己《おのれ》に反求《はんきゅう》す。（離婁上）
何か思い通りにいかなかったとき、その原因が自分にあるのではないかと「反求」してみる。
・誠《まこと》は、天の道なり。（離婁上）
誠（まごころ）こそ天の道（自然の道理）である。天に裏付けられたまごころを尽くせば、その言動はきっと他者を感動させるであろう。
・身に反《かえり》みて誠あらば、楽しみ焉《これ》より大なるは莫《な》し。（尽心上）
自己の内面にある「誠」の発見こそ、人間の至上の喜びだ。

このように、孟子の考える人の本性は、天に根拠を持ち、天によって保証される善性であった。それは、人間個々の内面に四端として根源的に存在する。人は、それを自覚し、拡充していけば、善人になりうる。さらに、それは「気」としてあふれ出て、他者にも影響を及ぼしていく。「浩然《こうぜん》の気」（公孫丑上）とは、こうした道徳性を持ったエネルギーのことをいう。個々の善性は浩然の気として世界の隅々にまで拡充していくというのである。

聖人の出現

一方、天命を受けるに足る聖人については、さらに条件が加わる。それは、五百年周期説である。一般の人間には、善性が備わっていることで充分であろう。あとは個々の自覚と努力を待つのみである。しかし、世界を治めていく偉大な聖人にはそうそうお目にかかれるものではない。そこで孟子は、過去の歴史を振り返り、五百年を一周期として聖人が出現し、時代は治乱を繰り返すのだと説く。聖人は天命を受けてこの世に現れるが、さすがにその感化の力にも限界があり、五百年もたつと、世は衰退に向かうという。そこで、天命が革《あらた》まり（革命）、新たな聖王の時代が到来するというのである。その革命の兆しは、暴君の圧政に苦しむ民の怨嗟《えんさ》の声である。民の声に感応した天が、新たな命をこの世に下すのである。ただし、この聖人の根本も、やはり善なる心である。その点では、聖人も一般の人々と変わるところがない。そう考えた孟子は、こういった。

・舜《しゅん》も人なり。我も亦《また》人なり。（離婁下）

あの偉大な舜も、我々と同じ人間である。いずれも天に根拠を持つ善性を持ってこの世に生まれ出ているのである。

・聖人も我と類を同じくする者。（告子上）

聖人も我々と同類である。

こうした考え方は、聖人と凡人との間に一線を画するのではなく、人は誰でも努力によって聖人になりうると説くもので、のちに宋学《そうがく》（朱子学）の根本原理となっていった。

三　孟子の再評価

性善説の見直し

孟子の思想は、おおよそ右のようにまとめることができるであろう。ところが、近年の新出土文献の発見は、そうした通説に大きな見直しを迫ることとなった。

まずは性説である。これまで、儒家の性説については、次のような理解が通行していた。孔子は、「性相《あい》近きなり。習い相遠きなり」（『論語』陽貨篇）と述べるだけで、明確な性論を説かなかった。人間は、生まれたときには似たり寄ったりだが、その後の習慣によって大きな隔たりができる、というほどの発言である。弟子の子貢《しこう》も、先生からは性と天道についてはあまり教えてもらえなかったと嘆いている（『論語』公冶長篇）。儒家の中で、その後、性説が活発に議論されるようになったのは、戦国時代の中期、その代表は孟子の性善説である、と考えられてきたのである。

ところが、一九九三年に発見された郭店楚簡には、『性自命出《せいじめいしゅつ》』という文献があり、興味深い性説が記されている。内容は、その書名（仮題）の「性は命自《よ》り出《い》ず」から明らかなように、人間の本「性」が天の「命」に根拠を持って存在していることを説くものである。「四海《しかい》の内、其の性は一なり」と、性がすべての人間に普遍的に存在するとした上で、その「性は命より生じ、命は天より降《くだ》る」、つまり性はそもそも天の命に由来するのであり、人間が善人たりうる究極的な根拠は天にあるというのである。

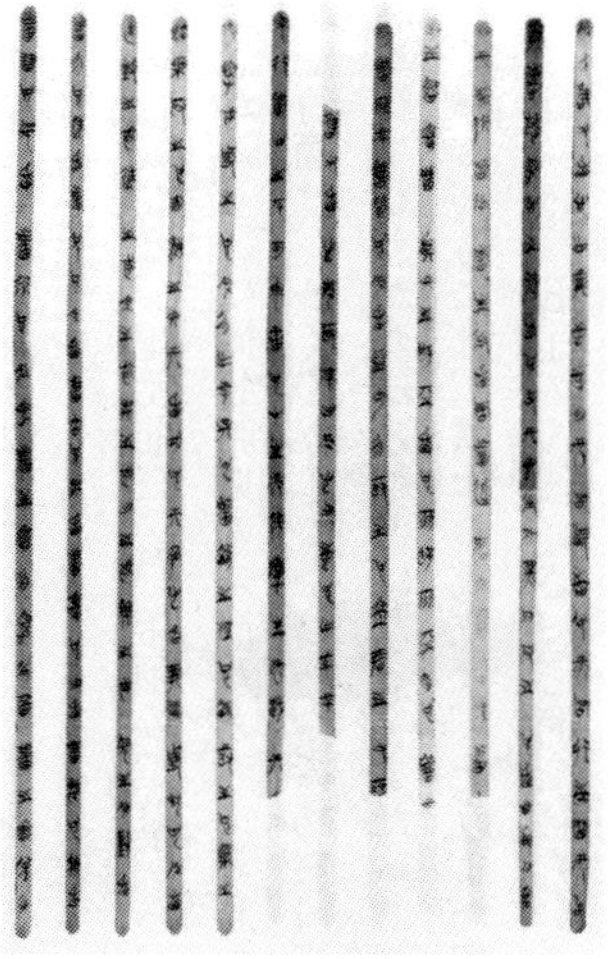

郭店楚簡『性自命出』

また、上博楚簡の『性情論』という文献も、竹簡の配列やまとまりが異なるだけで、内容は基本的に『性自命出』と同一の性説を説くものであった。つまり、同じ内容を説く別系統のテキスト（異本）と考えられる。

郭店楚簡は、紀元前三〇〇年頃の楚墓から出土したものであり、上博楚簡も、炭素14の測定値から、ほぼ同じ時期の楚簡だと考えられている。もとより、古墓の中から偶然に発見された竹簡は、多くの写本の中の一つである可能性が高く、その原本が著作された時期は、当然それよりさかのぼることになる。また、このようにほぼ同じ時期に複数のテキストが流布しているからには、原本の成立は、それより相当早い時期であったと考えざるを得ない。儒家の性説は、孔子の没後、さほど時を経ないうちに大きく展開していった可能性がある。

同様に、郭店楚簡の中で性説を説くものに、『成之聞之《せいしぶんし》』と仮称された文献がある。この文献は、「聖人の性」と「中人《ちゅうじん》の性」という言葉を使いながら、その聖人と中人の間に本来的な区別はないと説く。もっとも、聖人が聖人としての徳を成就したのちには、民の性との間には歴然とした違いが生ずるとしている。しかし、人には皆本来的に同じような性が備わっていると説く点は、『孟子』との関連で注目される。また、『成之聞之』は、君子と小人とを対比し、その差は、「天の徳」や「天の心」に従うか否かであるとしている。人間に普遍的な性が備わっていて、その性が天に基づくとする考え方も、右の『性自命出』や『性情論』と同じく、『孟子』に類似する。

このように、新たに発見された戦国楚簡を参考にすれば、従来の文献から知られていた性説以外にも、儒家の中でさまざまな性説が早くから唱えられていたことがわかる。『孟子』や『荀子』の性説も思想史上に突然現れたものではなく、そうした思想史を受けて形成されたものと推測される。戦国楚簡には、人は天によって基本的な素質が保証されているという考え方や、人々に本来的な性差はないとする考え方が見られたが、それは、『孟子』の性善説まであと一歩のところにある思想であったといえよう。

王朝交代の正当性

今ひとつ、戦国楚簡との関わりで注目されるのは、孟子の説く王朝交代の理論である。中国古代において、統治の理想形態、特に、王朝の交代、王位の継承はいかにあるべきかという問題は、政治思想の最重要課題の一つであった。郭店楚簡の中で『唐虞之道《とうぐのみち》』と仮称された文献は、唐（堯）や虞（舜）の治世を対象に、堯から舜、舜から禹《う》への禅譲を、理想の姿として賛美するものである。とりわけ、舜は最高のモデルとして絶賛される。

これは、『唐虞之道』が一貫して、「禅譲」を唯一絶対の王位継承形態と考えるためである。堯・舜・禹の三者を比較すれば、まず、堯は「生まれながら」の天子であり、舜に禅譲する側ではあったものの、自ら禅譲された経験を持たない。また、舜から禅譲された禹は、賢者の登用に努めたが、結果的に王位を実子の啓《けい》に継承させることとなった。したがって、禅譲され、また禅譲した唯一最良のモデルとして舜が賛美されることとなったのである。

しかし、こうした禅譲論は、他の選択肢をまったく排除した非現実的な政治論である。この禅譲論を実行に移そうとすれば、各王朝は、実子がいかに優秀な後継者であろうとも、それぞれ一代限りで、赤の他人に王位を譲らなくてはならなくなる。ある意味では、過激な政治思想である。また、この理論は、確かに舜の生涯にはそのまま当てはまるが、「生まれながらの」天子であった堯や、わが子に王位を譲った禹には該当しなくなる。血縁世襲を続けた周王朝にも適合しない。『唐虞之道』が、舜以外にはあまり触れようとしないのはそのためである。このような意味で、『唐虞之道』の統治論は、歴史の実態に目をつぶるもので、内部に大きな問題を抱えていたといえよう。

同じく、禅譲説を説く新出土文献に、『容成氏《ようせいし》』がある。上博楚簡『容成氏』は、古代帝王「容成氏」から周の文王・武王に至るまでの王者の系譜を記しつつ、その王位継承のさまを論ずる文献であり、やはり、禅譲のみを王朝交代の理想として掲げる。ただ、『唐虞之道』と違い、容成氏から武王に至る中国の歴史全体を扱おうとしている。しかし、禅譲のみで歴史のすべてを説明しようとしたため、歴代帝王に対する通常の評価と合致しなかったり、血縁世襲を続けてきた周王朝の取り扱いに矛盾が生じたりしている。禅譲は、確かに魅力的な政治論ではあるが、歴史の実態とどう折り合いをつけるかが、大きな課題として残されたといえるであろう。

そこに登場したのが、孟子の理論である。孟子は、堯舜以降、すべての王朝交代を視野に入れながら、古代聖王すべてを肯定的に取り扱っている。堯から舜への禅譲も、その後の血縁世襲についても、ともに肯定するのである。斉の宣王が質問したように、桀・紂が湯王・武王によって放伐《ほうばつ》された点は唯一疑問の残るところではあるが、孟子はこれについても、放伐ではなく、「一夫」を誅殺した事例にすぎないとして是認した。そして、これらの王朝交代にはすべて「天命」が関与しているという。つまり、天命を正当化の論拠にすえるのである。たとえば、堯が舜に禅譲したことについて質問した弟子の万章に対し、孟子は、天下を勝手に他人に与えることはできない、「天」がこれを与えたのだと答える（万章上）。

このように、孟子は「天命」を持ち出して、王朝交代の正当性を説こうとする。それは、先行する禅譲説に致命的な欠陥があると考えられたからではなかろうか。古代聖王の王位継承をすべて肯定するためには、孟子のような理論を持ち出して、歴史の実態と折り合いをつける必要があったのである。こうした孟子の苦心は、戦国楚簡に見える複数の禅譲説と対比してみると、よりよく理解できる。先の性説の場合と同様、孟子の政治論も、先行するさまざまな議論を受けて成立したと考えられよう。

新出土文献と孟子の思想

これまで、孟子の思想については、その形成の過程がほとんど謎に包まれていた。孟子はいつどのようにして、あのような壮大な思想体系を構築したのか。それを解き明かす資料がなかったのである。確かに『孟子』七篇には、孟子の思想が明快に説かれている。『孟子』を読めばその思想の全体像はおおよそ把握することができる。ただ、それがどのような過程を経て形成されたのか、当時においてそれがどの程度の衝撃を持つ思想であったのか、という点については充分に明らかにされてきたとはいいがたい。

その最大の原因は、孟子以前の文献資料があまりにも少ないということであった。孔子の言動は『論語』によって一応確認することができる。だが、孔子の弟子門人たちの思想活動については、ほとんど実態がわからない。孟子に学問を伝えたとされる子思の門人にしても、いったいそれはどのような人物で、どのような活動をしていたのか、いっさいわからないのである。だから、これまでの思想史では、あたかも孔子の後に孟子の思想が直結しているかのようにとらえられることもあった。「亜聖」孟子は「先聖」孔子直系の思想家だという理解である。

こうした考え方に反省を迫るのが、戦国楚簡という新しい出土文献の発見である。これまで空白となっていた時代の文献が次々に発見されるという劇的な事態が生じたのである。若き日の孟子は、これらの文献を通して、多くの刺激的な思想に触れる機会があったのではないか。性説や天命の思想、王朝交代の理論も、それらを継承し、あるいは克服することによって形成されていったのではないか。新出土文献は、そうした可能性を示しているのである。

【故事成語で読む諸子百家】五十歩百歩

五十歩を以て百歩を笑わば、則《すなわ》ち如何《いかん》。（『孟子』梁恵王上）

戦場から五十歩離脱したものが、百歩敗走したものを臆病《おくびょう》だといって笑うことができるか。それは単に程度の差にすぎず、敵前逃亡したという本質は同じである。梁の恵王に面会した孟子は、このたとえ話を使って、軍事力や人口の多寡を競うことの愚かさを説いた。重要なのは、「利」の多少ではなく、「仁義」という本質の有無であると。

現在では、大同小異（似たり寄ったりで大きな違いはない）という意味で使われているが、もともとは、こうした戦場での故事に基づいてできた成語である。軍隊において、敵前逃亡と上官反抗は重罪である。いずれも組織の指揮命令系統を乱し、全体の士気を低下させる。戦争好きの恵王に、孟子は戦争のたとえを使って仁義の重要性を伝えようとしたのである。

なお、同じく戦闘と関わりのある語に、「仁者《じんしゃ》は射《しゃ》の如《ごと》し」（公孫丑上）がある。「仁」の心とは弓を射るのと同じである。姿勢を正して矢を放つ。命中しなくても、自分に勝った相手を憎むことなく、己《おのれ》に欠点はなかったかと反省してみる。儒家の強調する自己反省の精神である。

第四章　特異な愛のかたち——墨家の思想——

大いに非《ひ》を為《な》して国を攻《せ》むれば、則《すなわ》ち非とするを知らず、従《よ》りて之《これ》を誉《ほ》め、之を義と謂《い》う。（『墨子』非攻《ひこう》上篇）

今、大いに正義に背いて他国を侵略しているのに、それを不正だと認識せず、かえってこれを誉め、正義だとさえいっている。

墨家は、戦乱絶え間ない戦国の世にあって、「兼愛《けんあい》」「非攻」の理念を掲げて天下を駆けめぐった。一人を殺せば、人は誰でも「人殺し」と声高に叫ぶのに、大量殺人を犯す侵略戦争はなぜ非難されないのか。正義とは、その国や君主の利益ではなく、天下全体の利でなくてはならない。

こうした理想を、墨家は実力行使によって実現しようとした。単に戦争反対を叫ぶのではなく、軍事集団を組織して、弱小国の防衛にあたったのである。その実戦体験の中から、城の防衛に関するさまざまな技術もあみだした。

生命の危機を顧みず、天下の利のために奔走した墨家。それは、戦国時代を駆けぬける一陣の風であった。秦漢帝国の誕生とともに、その風は忽然《こつぜん》とこの世から消えうせてしまう。

「墨攻」に描かれた墨者

映画「墨攻」(二〇〇六年、中国・日本・香港・韓国)。十万の大軍に、たった一人で立ち向かった墨者の物語である。

紀元前三七〇年、趙《ちょう》は十万の軍隊で燕《えん》への攻撃を開始。国境にある要衝の地「梁《りょう》」に迫っていた。梁は、墨家に救援を要請したが、梁城にやってきたのは、革離《かくり》というみすぼらしい一人の墨者だった。

革離は、さまざまな守城技術を駆使。趙の攻撃を見事に跳ね返す。梁王から褒賞を与えられようとすると、「墨者は他人からの礼を受け取りません。人を助けるとき、余計な誤解を受けるからです」と辞退した。そして、敵兵の累々たる屍《しかばね》を前に悲嘆する。

それを聞いた梁王は、「革離のような智者にも弱点はあるのだ。安っぽい同情心など役に立たん」と述べ、側近の大臣も、「巨星の落ちるがごとく墨者はいずれ絶えるでしょう。墨家の思想は戦乱の世には実に適しているが、天下泰平の治世には国を繁栄させせない」と指摘した。

ここには、墨家の基本的な体質が描かれている。墨家は、ひたすら「天下の利」のために、侵略戦争を実力で阻止しようとする。一国の王に殉ずるのではなく、あくまで天下のために奔走するのである。彼らを支えるのは、墨者の「義」であり、王から与えられる褒賞ではない。しかし、大臣の予言通り、墨家は戦国時代の終わりとともに、忽然とその姿を消してしまう。秦帝国をへて漢帝国ができる頃には、この世に一人の墨者もいなかったのである。それは、大臣のいうように、墨子の思想が天下泰平の世には合わなかったからであろうか。

また、革離に心を寄せる騎士団の女性は、「墨家は常に兼愛《けんあい》を説きますが、あなたこそ愛を知るべきです」という。

ここには、二つの「愛」が説かれている。墨家の兼愛は、自己への愛をそのまま他者にも向けようとする特異な愛のかたちであった。女騎士がいう愛は、もちろん、身近な人、恋する人への愛情である。女性にとって、自分の心を受け入れてくれない革離は、愛を知らない人だったのである。

その後、梁は、革離の戦術によって、趙を退却させることに成功する。しかし、革離は策略によって梁城を追われることになった。脱出した革離を助けてくれたのは、かつて革離が命を救った趙の奴隷だった。奴隷に向かって、革離はいう。「非攻《ひこう》と兼愛こそが平和をもたらすだろう」と。これに対して奴隷は、「墨者は互いに兼愛する、つまり万人を愛せと説くが、実際は愛する相手を選ぶべきだ」とつぶやく。

　このつぶやきは、墨家の理想が、いかに非中国的な発想であるかを指摘している。墨家の理想は兼愛であり、また、それに基づく非攻である。侵略戦争を阻止するという非攻の理念は尊い。しかし、その前提となる兼愛は、きわめて特異な愛である。奴隷がいうように、愛とは、万人に対して平等に向けられるものではなく、対象を選んで注ぐべき感情ではないのか。親密な者へは厚く、疎遠な者へは薄い、という愛こそがもっとも受け入れられやすいのではないか。墨家の説く兼愛の理想は、確かに崇高ではあるが、それは、普通の人々にとって大きな違和感のある愛であった。

　ただ、ここで奴隷がいう「万人を愛せ」という兼愛の理解には、やや誤解があるのではなかろうか。墨家は、本当に万人を愛せと説いたのか。

一　兼愛の思想

墨家の活動と『墨子』

ところで、儒家の孟子は、厳しい口調で、墨家を罵《ののし》った。

墨氏は兼愛す。是《こ》れ父を無《な》みするなり。父を無みし君を無みするは、是れ禽獣《きんじゅう》なり。

（『孟子』滕文公下篇）

墨子は兼愛を説く。兼愛とは、自分の父への愛と他人への愛とを同一視しようという教え。これは、自分の父親や君主をないがしろにするものであり、禽獣の行いである。

『孟子』にこうした批判が見られる一方で、『論語』には、墨家批判が見あたらない。孔子の頃には、まだ墨家の活動はなかったのだろう。しかし、孔子の没後、約百年後に現れた孟子は、あたかも仇敵《きゅうてき》であるかのように墨家を厳しく批判している。孔子の没後ほどなく、墨家の活動が開始され、一大勢力を誇るまでに至ったのであろう。諸子百家の時代、儒家とその勢力を二分したという墨家とは、いったいどのような思想集団だったのか。

墨家の開祖は墨翟《ぼくてき》である。だが、その生涯を伝える伝承はほとんどなく、生卒年もわからない。孔子が亡くなってから少し後、つまり戦国時代の初めには、魯を拠点として集団を組織し、兼愛・非攻などのスローガンを掲げて活動を開始したらしい。当初、墨家集団に入ってくる門弟たちは、さまざまな思惑を持って集まってくる烏合《うごう》の衆にすぎなかった。しかし、墨家の首領である「鉅子《きょし》」の統率により、やがて彼らは精鋭な思想集団、軍事組織へと変容

墨子像（山東省滕州市墨子博物館）

していった。侵略戦争によって落城の危機に瀕した城邑《じょうゆう》があると、その救援にかけつけ、多彩な守城技術によって弱小国の危機を救った。「墨守《ぼくしゅ》」とは、堅い守りの意。墨家の守城能力の高さを賞賛する言葉である（一四八頁参照）。

この墨翟（墨子）および墨家学派の思想を集成したのが、『墨子』である。もとは七十一篇あったと伝えられているが、今に伝わるテキストは全五十三篇からなる。その中心は、尚賢《しょうけん》、尚同《しょうどう》、兼愛《けんあい》、非攻《ひこう》、節用《せつよう》、節葬《せっそう》、天志《てんし》、明鬼《めいき》、非楽《ひがく》、非命《ひめい》の十論である。

墨子は、弟子の魏越《ぎえつ》に向かって言う。「他国に遊説にいく際には、その国の急務を把握して説くことが必要だ。国が乱れていれば、尚賢・尚同を説き、国が貧しければ、節用・節葬を説き、音楽にふけっている国には、非楽・非命を説き、風俗が乱れて礼法がない国には、天志・明鬼を説き、略奪に努めて他国を侵略する国には、兼愛・非攻を説け」（『墨子』魯問《ろもん》篇）と。

十論をうまく使い分けよといっているのである。墨家集団は、その結成当初からこの十論によって活動を推進した。なかでも「兼愛」は、墨家の特質をもっともよく示しているであろう。

墨子の言葉

『墨子』に記される墨翟の言葉は、砂を嚙《か》むような理屈の連続である。とても美文といえるような代物ではない。

仮に、中国古典のアンソロジーを編むとしよう。おそらくそこには、『論語』や『孟子』、『老子』や『荘子』の言葉が入るであろう。それらは、適度な長さで、含蓄に富み、人の心に染みいるような名文名句に満ちているからである。だが、『墨子』の言葉は、およそこうしたアンソロジーには場違いである。たとえば、兼愛を説く次の一節はどうであろう。

臣下や子が、君主や父親に孝でないのは、いわゆる「乱れ」である。子は自分だけを愛して父親を愛さない。つまり、父親の利益を損ねて自分の利益を図る。弟は自分だけを愛して兄を愛さない。つまり、兄の利益を損ねて自分の利益を図る。臣下は自分だけを愛して君主を愛さない。つまり、君主の利益を損ねて自分の利益を図る。これらはいわゆる「乱れ」である。父親が子に対して慈愛の心を持たず、兄が弟に対して慈愛の心を持たず、君主が臣下に対して慈愛の心を持たないというのもまた、天下で言うところの「乱れ」である。父親は自分だけを愛して子どもを愛さない。つまり、子の利益を損ねて自分の利益を図る。兄は自分だけを愛して弟を愛さない。つまり、弟の利益を損ねて自分の利益を図る。君主は自分だけを愛して臣下を愛さない。つまり、臣下の利益を損ねて自分の利益を図る。これはなぜだろうか。そうした現象はすべて、お互いに愛さないという原因から起こる。天下で盗賊をはたらく者についても同様である。盗人は自分の家だけを愛して他人の家を愛さない。つまり、他人の家から盗んで自分の利益を図る。賊は自分の身だけを愛して他人を愛さない。つまり、人を傷つけて我が身の利益を図る。これはなぜだろうか。そうした現象はすべて、お互いに愛さないという原因から起こる。大夫《たいふ》で互いの家を乱し、諸侯で互いに相手の国を攻める者についても同様である。大夫はそれぞれ自分の家を愛して、他人の家を愛さない。つまり、他人の家を乱して、自分の家の利益を図る。諸侯はそれぞれ自分の国を愛して、他人の国を愛さない。つまり、他人の国を攻めて自分の国の利益を図る。天下のさまざまな混乱は、右の諸例にすべて備わっている。これらの混乱が何によって生ずるのかを考えてみるに、それはすべて、互いに愛さないというところから起こっているのである。

臣子《しんし》の君父《くんぷ》に孝《こう》ならざるは、所謂《いわゆる》乱なり。子は自ら愛して父を愛さず。故に父を虧《か》きて自ら利す。弟は自ら愛して兄を愛さず。故に兄を虧きて自ら利す。臣は自ら愛して君を愛さず。故に君を虧きて自ら利す。此《こ》れ所謂乱なり。父の子に慈《じ》ならず、兄の弟に慈ならず、君の臣に慈ならずと雖《いえど》も、此れ亦《ま》た天下の所謂乱なり。父は自ら愛して子を愛さず。故に子を虧きて自ら利す。兄は自ら愛して弟を愛さず。故に弟を虧きて自ら利す。君は自ら愛して臣を愛さず。故に臣を虧きて自ら利す。是《こ》れ何ぞや。皆相《あい》愛さざるに起こる。天下の盗賊を為《な》す者に至ると雖も、亦た然《しか》り。盗は其の室を愛して、其の異室を愛さず。故に異室に窃《ぬす》みて、以て其の室を利す。賊は其の身を愛して、人を愛さず。故に人を賊《そこな》いて、以て其の身を利す。此れ何ぞや。皆相愛さざるに起こる。大夫の家を相乱し、諸侯の国を相攻むる者に至ると雖も、亦た然り。大夫は各々其の家を愛して、異家を愛さず。故に異家を乱して、以て其の家を利す。諸侯は各々其の国を愛して、異国を愛さず。故に異国を攻めて、以て其の国を利す。天下の乱物は此《ここ》に具《そな》わるのみ。此れ何によりて起こるかを察するに、皆相愛さざるに起こる。（兼愛上篇）

まさに、嚙んで含めるような論調。聞かされる側が辟易《へきえき》としてしまう文章である。だが切々とした訴えは確かに伝わってくる。墨子は、天下の「乱」の原因を追究した。この世の乱れは、人々が「自ら愛して」、他者を愛さないからである。また自分の「利」だけを追求して、他者を「虧《か》」く（他者の利益をそこなおうとする）からである。それは、親子の関係、君臣の関係、兄弟の関係にも当てはまり、盗賊が他者から盗み、戦国の諸国が他国を侵略する際にも該当するという。要するに天下の乱れは、すべて「相《あい》愛さざる」ことによって起こるというのである。

兼愛の論理

そこで、墨子は、すべての人が自分を愛するごとく他者を愛すれば、世の乱れはなくなると説く。

もし、天下中の人々に自分と他者とを兼《か》ねて愛するようにさせ、他人を愛すること、まるで我が身を愛するかのようにさせれば、それでもなお、不孝の者がいようか。父や兄や君主を見ること、まるで我が身を見るようにさせれば、どうして不孝な行いをするであろうか。それでもなお、慈愛の心を持たない者がいようか。子と弟と臣下を見ること、まるで我が身を見るようにさせれば、どうして慈しみのない行動をとる者がいようか。

このようにすれば、不孝・不慈の者はいなくなるのである。

若《も》し天下をして兼ねて相愛《あい》し、人を愛すること其《そ》の身を愛するが若《ごと》からしめば、猶《な》お不孝の者有るか。父兄と君とを視《み》ること其の身の若ければ、悪《いず》くんぞ不孝を施《な》さん。猶お不慈《ふじ》の者有るか。子弟と臣とを視ること其の身の若ければ、悪くんぞ不慈を施さん。故に不孝・不慈は有ること亡《な》し。（兼愛上篇）

こうして天下中の人々が、兼愛の精神に目覚めれば、上位者は「慈」の心を持ち、下位者は「孝」の心を持って、世はおのずから治まっていくと墨子は主張する。

だから、墨子の説く兼愛とは、決して博愛や平等愛という意味ではない。墨子は自己への愛と他者への愛との間に区別を設けてはならないと言っているのである。自己への愛と他者「甲」への愛との間に差別を設けない。同様に、自己への愛と他者「乙」への愛との間にも差別を設けない。このようにすべての人々が兼愛を実践していけば、結果として、博愛・平等愛の世界が実現する。しかし、それは結果であり、墨家は何も最初から万人を平等に愛せよなどとは言っていないのである。

この意味で、先に紹介した映画「墨攻」の、「墨者は互いに兼愛する、つまり万人を愛せと説く」という理解には誤りがあることがわかる。また、それは孟子も同様で、「自分の父への愛と他人への愛とを同一視」するという兼愛理解には、少なからぬ誤解がある。もっとも、孟子の場合には、儒家と墨家が天下を二分するという情勢の中、墨家に対する強烈な敵《てき》愾《がい》心から、あえてそのように批判したという可能性もある。墨家の掲げる兼愛のスローガンをとらえて、その非中国的な側面を強調したという可能性である。

いずれにしても、墨家の説く兼愛は、中国世界においては、きわめて特異な思想であった。またそれゆえに、誤解を招きやすく、人々には容易には受け入れられなかった。女騎士が主張する通り、まず身近な人を愛するというのが、もっとも素朴で受け入れられやすい愛のかたちだったからである。

二　非攻と義兵

非攻の論理

ともあれ、墨家は、この兼愛の思想を基盤として「非攻」を説き、侵略戦争阻止という実践活動に奔走した。非攻の思想を説く一節を次に紹介してみよう。

大いに不義を行い、他国を攻撃するに至っては、それを非難しないばかりか、それを賞賛し正義だとさえ言う。これは、正義と不義との区別を知っていると言うべきであろうか。一人を殺せば不義だと言い、必ず死罪となる。この論理で行けば、十人を殺すと十の不義を重ねたことになり、必ず十の死罪となる。百人を殺せば百の不義を重ねたことになり、必ず百の死罪となる。このようなことは天下の君子であれば、皆わかっていて非難し、不義と言う。ところが、今、大いに不義を行い、他国に侵攻するに至っては、それを非難しないばかりか、それを賞賛し正義だとさえ言う。不義だということが少しもわかっていない。

今大いに不義を為《な》して国を攻むるに至りては、則ち非とするを知らず。従《よ》りて之《これ》を誉《ほ》め、之を義と謂《い》う。此《こ》れ義と不義との別を知ると謂うべきか。一人を殺せば之を不義と謂い、必ず一の死罪有り。若《も》し此《こ》の説を以て往《ゆ》かば、十人を殺せば十たび不義を重ぬ。必ず十の死罪有り。百人を殺せば百たび不義を重ぬ。必ず百の死罪有り。此《か》くの当《ごと》きは天下の君子、皆知りて之を非とし、之を不義と謂う。今大いに不義を為して国を攻むるに至りては、則ち非とするを知らず。従りて之を誉め、之を義と謂う。情《まこと》に其の不義なるを知らざるなり。（『墨子』非攻上篇）

今、小さな過ちを犯せば、それを過ちだと指摘する。だが、大きな過ちを犯して他国を攻撃すれば、それを非難しないばかりか、それを賞賛し正義だとさえ言う。これは、正義と不義との区別を知っていると言うべきであろうか。私（墨子）はこれによって、正義と不義との区別が乱れているのを知るのである。

今少しく非を為せば、則ち知りて之を非とし、大いに非を為して国を攻むれば、則ち非とするを知らず、従りて之を誉め、之を義と謂う。此れ義と不義との弁《べん》を知ると謂うべきか。是《ここ》を以て天下の君子、義と不義とを弁ずるの乱るるを知るなり。（非攻上篇）

一人を殺せば、人は皆、「人殺し」と声高に叫ぶ。当然死罪が適用される。それなのに、大量殺人を犯す侵略戦争は、なぜ不義だといわれないのか。天下の正義と不義のとらえ方には重大な誤りがある。墨子はこう指摘して、侵略行為を厳しく非難する。

これは、『墨子』非攻上篇に記される主張であるが、中篇、下篇においても、基本的にこの論調は一貫している。中篇では、「攻戦《こうせん》を飾《かざ》る者」、つまり、侵略戦争を正義の美名で装飾しようとする国が批判される。また、下篇では、「攻伐弁兼《こうばつへいけん》（侵略戦争によって他国を併合してしまうこと）」、「無罪の国を攻伐」することが批判され、「攻伐を好むの国」、「戦を好むの国」として、具体的には斉・晋・楚・越という軍事大国が批判対象となっている。

すなわち、『墨子』の批判対象は、真の義を理解しないまま「攻伐（大義を持たぬ侵略戦争）」を肯定する者、および攻伐を推進する強大国だといえる。

二つの「兵」

また、これに関連して、『墨子』非攻篇には、二つの「兵」が説かれている。一つは肯定される「兵」であり、もう一つは否定される「兵」である。

まず、否定される「兵」は次の通りである。

- 大いに非（不義）をなして他国を攻める。（非攻上篇）
- 季節や民情を無視していたずらに戦争を起こす。（中篇）
- 「攻戦を飾る」（中篇）
- 「攻伐幷兼」（下篇）
- 無実の国を攻伐する。（下篇）

要するに侵略戦争である。

これに対して、肯定される側の「兵」は、下篇の「誅《ちゅう》」と「救《きゅう》」の語によって端的に表明される。「誅」とは、古の聖王が天命を受けて不義の暴君を罰するための誅伐《ちゅうばつ》。「救」とは、大国による攻伐併兼から弱小国を救済するための防衛戦。そして、このうちの後者（「救」）が、まさしく墨者の活動にあたる。

それでは、この二つの「兵」はなぜ評価が逆転してしまうのであろうか。まず、「攻」はなぜ否定されるのか。その理由は、次のようなものである。

- 実態としては侵略行為であり「不義」と非難されて当然であるにもかかわらず、「義」に基づく戦闘行動であるとの「名」を掲げる。（上篇・中篇）
- 真冬や真夏など自然条件の厳しい時節、あるいは春や秋の農耕に重要な時節に興軍するなど、季節や民情を無視している。（中篇）
- 厖大《ぼうだい》な軍費を要し、莫大な損失がある。（中篇・下篇）
- 攻伐戦争が多数の戦死者を出す結果、「鬼神」（死者の霊魂）が自らの祭祀《さいし》を司ってくれるべき祭主を失ってしまう。（中篇・下篇）
- 民の持ち物を奪い、民の利益を損なう。（中篇）

・局地的・一時的には「利」であるとしても、決して「天下」全体の「利」とはならない。（中篇）

・「天の利」「鬼の利」「人の利」に合致しない。（下篇）

このように理由はさまざまに説かれるが、特に注目されるのは、攻伐が天の利に合致しないという点と、鬼神に背くという点であろう。『墨子』には、兼愛・非攻のほか、「天志《てんし》」篇、「明鬼《めいき》」篇がある。兼愛・非攻の理想が、天の意志でもあり、鬼神の願いでもあると墨家は説くのである。ちなみに、新出土文献の上博楚簡の中には、『鬼神之明《きしんのめい》』と呼ばれる文献があり、鬼神を尊重した墨家の著作として研究が進められている。

さて、これらの裏返しとなるのが、「誅」「救」の正当性である。弱小国を侵略から救うための戦争はなぜ肯定されるのか。

・「天の利」「鬼の利」「人の利」に合致する。（下篇）

・「天命」を受けて不義の暴君を討つ。（同）

・天下の諸侯の利益となる。（同）

・その「功」が攻伐に倍する。（同）

・「聖王の道」に合致する。(同)

ここでも、特定国の利益にとどまらない天下全体への視野、実利的な効用の有無、鬼神の存在といった観点がその特色となっている。

このように、『墨子』において武力行使が肯定されるのは「誅」と「救」の場合のみ。この軍事行動だけが「義」として認められるのである。侵略戦争は他者の利益を損ねて自分の利益を図る行為であり、兼愛の理想をもっとも過激に破壊するのである。要するに、攻伐が不義、それを阻止する防衛戦のみが義なのである。こうして墨家は天下の義のために奔走した。

あるとき墨子は魯から斉に赴いた。知人が言った。「今、天下に義を行う者はいないのに、あなたはひとりで苦労して義を行おうとしている。やめた方がよいのではないか」と。墨子は答えた。「今、ここに十人の人がいて、一人だけが田を耕し、残りの九人が家にいて何もしないとすれば、その耕作する者はますます励まなければならない。食べる者ばかりが多く、耕す者が少ないからだ。同じ理屈で、今、天下に義を行うものがいないから、あなたは私に義を行えと勧めるべきなのに、どうして止めようとするのか」と(『墨子』貴義《きぎ》篇)。

孤高の境地で義を実践した墨子の姿が、ここにある。

三　忠臣と諫諍

兼愛と非攻の理念を掲げて、天下を駆けめぐった墨家。彼らは、弱小国の要請に応えて、守城活動に奔走した。そこには、一時的ではあるが、雇《やと》う側と雇われる側の関係、すなわち「君臣」の関係が成立する。君臣関係において重視されるのは、「忠」である。儒家も、親に対する子のまごころである「孝」を推奨するとともに、君主に対する臣下のまごころとして「忠」を重視した。

墨家の「忠」

では、墨家の考える「忠」とはどのようなものであったのか。それは、兼愛や非攻といった墨家の理想とどのような関係にあったのか。

墨家の説く忠臣とは、たとえば次のようなものである。

魯陽《ろよう》の文君《ぶんくん》が墨子に言った。「忠臣とは何か、について私に説く人がいた。それによれば、下を向けと言えば下を向き、上を向けと言えば上を向き、何もないときには静かにしていて、呼べば初めて答える（のが忠臣であるという）。このような者を忠臣と言うことができるか」。墨子は言った。「下を向けと言えば下を向き、上を向けと言えば上を向くというのは、まるで影のようなもの。何もないときには静かにしていて、呼べば初めて答えるというのは、まるでこだまのようなもの。あなたは影やこだまに何を期待しようというのですか。もし私が言うところの忠臣であれば、上司に過ちがあるときにはそれとなく諫《いさ》め、自分の手柄を上司のものとし、それを声高に叫ばない。主君の悪を正して善に向かわせ、人々を君主に同調させ、下におもねることがない。これにより、美や善は上に集まり、怨《うら》みは部下に向かい、安楽は上にあって憂いは部下に集まる。これが私のいう忠臣です」。

魯陽文君、子墨子《しぼくし》に謂《い》いて曰く、我に語るに忠臣を以てする者有り。之をして俯《ふ》さしむれば則ち俯し、之をして仰《あお》がしむれば則ち仰ぎ、虚なれば則ち静、呼べば則ち応ず。忠臣と謂うべきか。子墨子曰く、之をして俯さしむれば則ち俯し、之をして仰がしむれば則ち仰ぐ、是れ景《かげ》に似たり。虚なれば則ち静、呼べば則ち応ず、是れ響《ひびき》に似たり。君将《まさ》に何をか景と響とに得んとするや。若《も》し翟《てき》の所謂《いわゆる》忠臣なる者を以てすれば、上に過ち有れば則ち之を微《うかが》いて以て諫《いさ》め、己《おのれ》善有れば則ち之を上に訪《はか》り、而《しか》して敢《あえ》て以て告ぐる無し。外其《そ》の邪を匡《ただ》して其の善を入れ、同《どう》を尚《たっと》びて下比《かひ》無し。是を以て美善上に在りて怨《えん》讐《しゅう》下に在り、安楽上に在りて憂慼《ゆうせき》下に在り。此れ翟の所謂忠臣なる者なり。（『墨子』魯問篇）

魯陽の文君は、命令通りに動く従順な臣下が「忠臣」ではないのかと問う。これに対して、墨子は、君主のいうがままに行動する臣下を忠臣とは認めない。君主の過失を諫め、善い意見を奏上し、しかも手柄を君主のものとし、憂いを自分が引き受けるという臣下。これこそが真の「忠臣」だという。ここでいう「諫」とは、諫諍《かんそう》の意。上司の意に逆らってでも、その欠点や不正を忠告することである。

では、「下を向けといえば下を向き、上を向けといえば上を向く」という忠臣像を文君に吹き込んだのは誰なのか。墨子によれば、それはまぎれもなく儒家であった。

そもそもまごころのある人物というのは、上司に仕えては忠をつくし、親に仕えては孝につとめる。よいことを見ればほめ、過失があれば諫める。これが人臣たる者の道である。ところが今、打てば鳴り、打たねば鳴らず、というのでは、知識を隠し、余力を残すことになる。じっと静かにしていて下問を待ち、あとで答える。君主や父親に利があるとしても、問われなければ自ら進んで答えようとはしない。……それでは、人臣としては忠ではなく、人の子としては孝ではない。

魯陽の文君と対面する墨子（『科聖墨子』）

夫《そ》れ仁人《じんじん》は上に事《つか》えて忠を竭《つく》し、親に事えて孝を得、善に務《つと》むれば則《すなわ》ち美《よ》みし、過ち有らば則ち諫む。此《こ》れ人臣為《た》るの道なり。今之を撃てば則ち鳴り、撃たざれば鳴らず、知を隠し力を予《お》き、恬漠《てんばく》として問を待ちて後に対《こた》え、君親の大利有りと雖も、問わざれば言わず。……是《ここ》を以て人臣と為《な》りて忠ならず、子と為りて孝ならず。
（非儒《ひじゅ》下篇）

ここで批判される儒家的臣下とは、打てば鳴り、打たねば鳴らぬという「鐘」にたとえられている。積極性に欠け、知識を隠し余力を残す臣下である。さらに、そうした人間は、朝廷では後ろにいて何もいわないくせに、自分に利益となる場合には、他人に遅れることを恐れてまっさきに発言する。また、危急の際には君主を見捨ててさっさと逃げてしまう。まさに、自己保身に走る臣下である。

公孟子《こうもうし》という儒者も、墨子にこういった。「君子は恭《うやうや》しく人からの問いを待つ。問う人があれば答え、問われなければ何もいわない。たとえば鐘のごとく、打てば鳴り、打たなければ鳴らない」（公孟篇）と。儒者は、「鐘」のような控えめな臣下を忠臣とするのである。それは、儒家が、あくまで目の前の人間関係を大切にし、その心情的関係を破壊しないようにと考えるからであろう。

だが、墨子は、「打たれれば鳴る」臣下ではなく、「打たれなくても鳴る」臣下こそが理想の忠臣であるという。だから、墨家の説く忠臣は過激である。天下の「義」や国家の「利」のために、時に君主に逆らうこともあるからである。

では、もし諫諍を続けても聞き入れられなければ、どうするのか。儒家の場合は、三度諫めて聞き入れられなければそれ以上はいわず、身を引くのが礼であるとされる。これに対して墨家は、いったん諫諍した以上、それは命をかけた戦いとなる。諫諍しておきながら引き下がるというような中途半端なものではない。もし受け入れられなければ、自ら命を絶つという過激な諫諍である。

墨家の消滅

このように、墨家の「忠」は諫諍と密接な関係にあった。それは、墨家が、たまたまお仕えしている君主と心情的関係を結び、その君主に殉じようとしているからではない。あくまで、「兼愛」「非攻」といった墨者の「義」に殉ずることを最終目的としているからである。だから墨家の活動は、君主に迎合することなく、常に死と隣り合わせにあった。このことは、墨家の急速な消滅と深い関係があろう。

墨子の死後、鉅子の位にあった孟勝《もうしょう》は、楚の陽城君《ようじょうくん》の要請に応えて、その城邑防衛にあたった。しかし、楚王の直轄軍の攻撃を受けて、ついに敗退する。このとき、孟勝は陽城君に対する契約を履行できなかったとして集団自決しようとする。弟子は、「それでは墨者が全滅し、我々の教えを伝えていく者がこの世にいなくなり、我らの思想も絶えてしまいます」と反論する。しかし孟勝は、「それでは墨者の信用は失墜し、たとえここで生き延びても、墨者の活動はできなくなるであろう。ここで義のために死ぬことこそが墨家の思想を後世に存続させる唯一の方策である」と説得し、ついに全員が自決する（『呂氏《りょし》春秋』上徳《じょうとく》篇）。墨者の「義」を端的に示す事件である。

映画「墨攻」の大臣は、「墨家の思想は戦乱の世には実に適しているが、天下泰平の治世には国を繁栄させない」と墨家の絶滅を予言した。しかし、秦漢時代に、墨家が絶滅したのは、平和な世が到来したためではなかろう。墨家が持っていた本来的な体質、つまり、墨者の「義」こそが、世界に受け入れられず、また、受け入れられない現実に、墨家が決して妥協しようとしなかったからである。

義の貫徹、さもなくば死。これが墨家の信条であった。

【故事成語で読む諸子百家】墨守《ぼくしゅ》

墨家の非攻論は、単なる机上の理論ではなく、集団的な実践活動をともなった点に特色がある。「墨守」とは、墨家集団が、さまざまな戦術・兵器を駆使して堅い守備を誇ったことに由来する言葉である。

楚が公輸般《こうしゅはん》の造った攻城兵器「雲梯《うんてい》」を駆使して宋を攻撃した。墨翟はこれに応戦し、見事に城を守り通したという。これは著名な実話として伝承されていたらしく、『史記』には「墨翟之守《ぼくてきのまもり》」という言葉が見える。これがのちに「墨守」に縮まったのである

う。

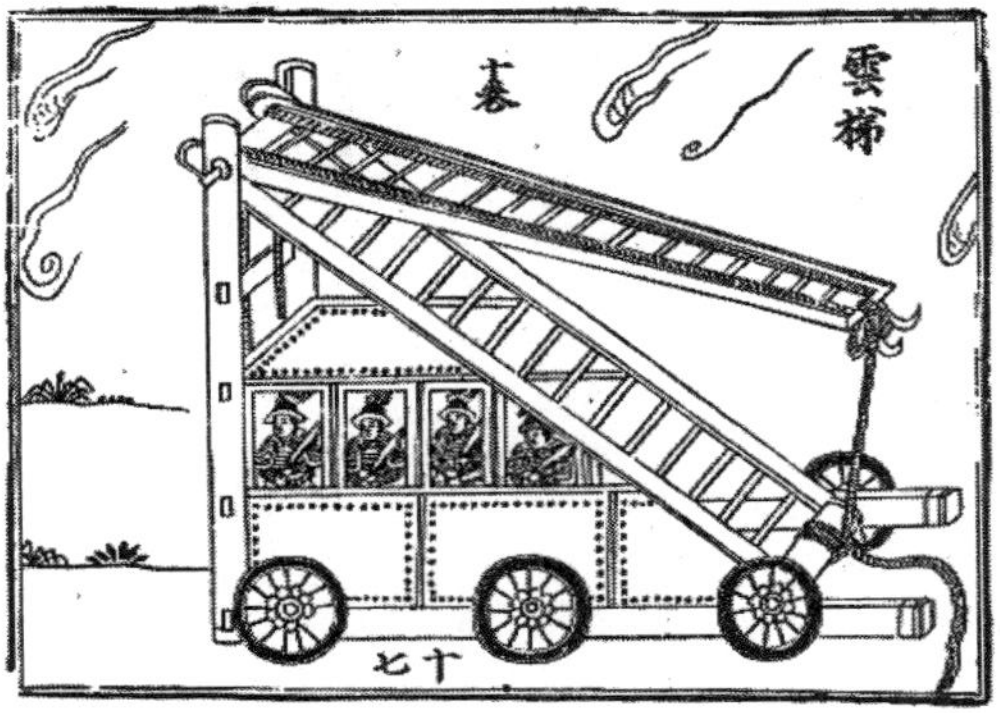

雲梯

「輸攻墨守《しゅこうぼくしゅ》」という語も、この故事に由来する。攻撃側も守備側も、技術の限りを尽くすという意味である。

『墨子』の中には、兼愛・非攻など、墨子の中心思想を説いた十論のほか、備城門《びじょうもん》（城門の備え）、備梯《びてい》（雲梯に対する防備）、備水《びすい》（水攻めに対する備え）、備穴《びけつ》（穴《トンネル》に対する備え）、旗幟《きし》（命令を知らせる旗）、号令などといった軍事技術に関する約二十の諸篇がある。これらは、こうした墨家の実践活動を反映するものであろう。

「墨守」は、のちにこの故事から離れ、頑固に自説をまげないこと、融通がきかないこと、などの意味でも用いられる。

第五章　世界の真実を求めて——道家の思想——

聖人《せいじん》は無為《むい》の事に処《お》り、不言《ふげん》の教えを行う。（『老子』第二章）

聖人は、何も為さないという境地に身を置き、無言の教えを行う。

『論語』学而篇や『荀子』勧学《かんがく》篇は、学問の重要性を説く。それは、儒家が学問によって立身出世することを理想の姿と考えるからである。人は、努力によって進歩し、いつか必ず報われる。儒家は人々をこう励ました。

しかし道家は、これとはまったく逆の教えを説いた。ことさらに事業を興さないこと、しいて発言しないこと、多くの物を持たぬこと。その中にこそ、安らいだ生活と社会の幸せがあるのではないか。こう説くのである。

この主張の背景には、文明化に対する鋭い見方がある。稲作、家、車、武器、学問、……。社会に恩恵をもたらしたとされる文明化こそ、実は、人間を不幸に陥れているのではないか。こうした文明批判である。また、それは、宇宙の真実とは何か、という思索とも密接な関係にあった。人間が登場するはるか以前、宇宙は、素朴な混沌《こんとん》に包まれていた。だがそこに、人間が勝手な作為を施し、世界の平安を乱してしまった。だから、ことさらな作為と言語を抑制して、その本源の姿に復帰しよう。これが、道家の教えである。

儒家の思想は、人間の頑張りと前進を強調し、道家の思想は、頑張ることこそ人間を不幸にすると説く。儒家の思想がアクセルであるとすれば、道家の思想は適度なブレーキである。アクセルとブレーキ。この二つがなければ、人生の操縦はできない。

「水屋の富」

落語「水屋《みずや》の富《とみ》」は、富くじに当たって大金を得た男の滑稽話である。

上水道のない時代、飲み水を運んで売る水屋という商売があった。その男、水屋稼業でまじめに働いていたが、ふとしたことで富くじに当たってしまう。一番富の千両である。大金を手にして家に帰ったものの、長屋のこととて、金をしまっておく場所がない。押入の中、神棚の奥と思案をめぐらすが、とうとう畳をはいで縁の下に隠した。だが、取られはしまいかと気になってしようがない。昼は、おちおち商売もできず、夜は夜で悪夢にうなされる。ふらふらになりながら、早く跡継ぎを見つけて水屋を廃業してしまおうとするが、思うようにいかない。水屋の不審な挙動に気づいた向かいの遊び人。ある日、水屋の出かけた後、その大金のありかをつきとめ、そっくりいただいてとんずらしてしまう。帰宅した水屋。あるはずの大金がない。大いに悲嘆に暮れる。が、少し間を置いて、落ち。――「これで今夜は眠れる」。

この話は、持つことの不幸を説いている。日々の幸せとは何かを考えさせる話である。人は、生きるため、精を出して働く。物や金。それを得ることも大事な目的の一つである。だが、度をすぎた物や金が手に入ったとき、人は本当に幸せになれるのか。かえって心の平安が乱されてしまうのではないか。逆説的ではあるが、私たちはこの滑稽話を通して、持たざることの幸せをしみじみと感じてみる必要があろう。

一　『老子』の思想と新出土文献の発見

持たぬことの幸せ

ところで、こうした思想は、すでに二千年以上前の中国で、はっきりと説かれていた。『老子』にはこうある。

物を手にいっぱい持ってそれを持続させようとするのはやめた方がよい。戦いで使う刀を整え鋭くしたままで長く保つことなどできない。金銀財宝を家中に満たしても決して守りきることはできない。財産と地位を手に入れて傲慢《ごうまん》な態度をとれば、自らとがめをもたらすことになる。功績を遂げたら身を退くのが、天の道である。

持《じ》して之《これ》を盈《み》たすは、其《そ》の已《や》めんには如《し》かず。揣《し》して之を鋭くするは、長く保つべからず。金玉堂《きんぎょくどう》に満《み》つれば、之を能《よ》く守る莫《な》し。富貴《ふうき》にして驕《おご》れば、自ら其の咎《とが》を遺《のこ》す。功《こう》遂《と》げ身《み》退《しりぞ》くは、天の道なり。（『老子』第九章）

「天の道」にかなうとはどのような身の処し方か。それは、自然に沿って無理をせず、一歩身を退《ひ》くという生き方である。人々は学問による向上を目指し、立身出世を人生の重要な目的とする。だが、『老子』は逆に、身を退くことが「天の道」、すなわち世界の正しいあり方であるというのである。それは、そうした世俗の人々の頑張りが、決して長続きはせず、かえって人の心を不幸にすると考えたからである。

同様の思想は、『老子』の中に数多く説かれている。

人と天地を比べてみよう。天と地は悠久《ゆうきゅう》である。太古の昔から確固として存在している。その天地が悠久であるのは、人間とは違って、ことさらに自ら生きようなどとしないからである。いわゆる「無為自然」を守っているからである。だから長くいつまでも生きることができるのである。そこで、この天地のあり方を体得した偉大な聖人は、自分の身を、努めて後ろにもっていく。しかしまさにそのことによって、結局は人の先頭に立つことができるのである。また、自分の身を、努めて埒外《らちがい》に置く。しかしまさにそのことによって、結局はそこにいつまでも存続しているのである。

天は長く地は久し。天地の能《よ》く長く且《か》つ久しき所以《ゆえん》の者は、其の自ら生ぜざるを以《もっ》てなり。故に能く長生《ちょうせい》す。是《ここ》を以て聖人《せいじん》は、其の身を後《のち》にして而《しか》も身は先んず。其の身を外にして而も身は存《そん》す。（第七章）

また、人の「長久《ちょうきゅう》」はどのようにして得られるのか。人はあまりに愛着しすぎると、そのことによってかえって大きな浪費をしてしまう。多く蓄えすぎると、それを守りきれないから必ず大きな損失となる。愛着・愛蔵の気持ちが人を不幸にするのである。だから、適度なところで満足するという気持ちをわきまえれば、損失・損害はないから、恥辱を受けることはない。適度なところで留《とど》まるという気持ちをわきまえれば、身を危険に晒《さら》すことはない。そうした気持ちによって、人は天地と同じように長くかつ久しくあることができるのである。

甚《はなは》だ愛すれば必ず大いに費やし、多く蔵すれば必ず厚く亡《うしな》う。足ることを知れば辱《はずか》しめられず、止《とど》まることを知れば殆《あや》うからず。以て長久なるべし。（第四十四章）

ここでもやはり、「長久」な「天地」のあり方をモデルに、人の生きる道が説かれている。身を退くことが、逆に先頭に立つことになるという。逆説的な論法である。

そして『老子』は、見習うべき卑近な例として、「水」の姿を指摘する。最上の善とは「水」のようである。なぜなら「水」は世界の万物に大きな恩恵を与えるだけで、万物と争うようなことは決してしない。暗く低く狭いような、誰もがいやがるところに平気で赴き、汚れ役を引き受ける。これこそ世界の理想、すなわち「道」の性格に近いといえる。

上善《じょうぜん》は水の若《ごと》し。水は善《よ》く万物を利して而《しか》も争わず、衆人《しゅうじん》の悪《にく》む所に処《お》る。故に道に幾《ちか》し。（第八章）

また、世の中を見渡してみて、「水」以上に「柔弱《じゅうじゃく》」なものはない。水は「柔」らかく、どのような地形・形状にも柔軟に対応して自らの姿を変えていく。水は「弱」々しく、赤子の手ほどの力で、すくい取ることも、かき混ぜることもできる。このように一見「柔弱」な水ではあるが、「堅」くて「強」いもの、たとえば、巨大な岩や壁も、「水」には勝てない。もし水が土石流のようにして殺到すれば、絶対に動くはずはないと思っていた巨岩が、まるで小石のように転がっていく。また、ポタリポタリと石の上にしたたる水滴は、いつの間にか、その石をくぼませ、ついには貫通させてしまう。

天下に水より柔弱《じゅうじゃく》なるは莫《な》し。而《しか》も堅強《けんきょう》なる者を攻《せ》むるに、之《これ》に能《よ》く勝つこと莫し。

（第七十八章）

このように、『老子』は、文明化の恩恵を受けて現代に生きる私たちに、強烈なメッセージを送ってくる。文明化、現代化、それが本当に幸せなことなのかを問いかけてくるのである。

謎多き老子

だが、この『老子』の著者とされる老子（老聃《ろうたん》）は、多くの謎に包まれた人物である。はたして老子は実在の人物なのか。その思想を記したとされる『老子』は、本当に諸子百家の時代の著作物なのか。

そもそも、中国の思想史は、孔子から説き起こすのが通例となっている。ところが、『史記』では、この孔子に「礼」を教えたのが、実は老子だったとされている（第二章参照）。老子は、孔子よりも少し前、春秋時代に楚の国で生まれ、周王室の図書室の役人となった。孔子との対面はこのときのこととされる。だが老子は、その後、周王朝の衰退を嘆き、五千言の著作を残して西の彼方に去っていったという。

のちに老子は、道教の中で神として尊崇され、神仙《しんせん》の象徴的存在になっていく。老子の姓名が「李耳《りじ》」であったことから、同じ「李」を姓とする唐王朝では、その神格化が加速し、

老子（『列仙全伝』）

『老子』は『道徳経《どうとくきょう》』として尊敬された。さらには老子がインドに行って釈迦に教えを垂れたとか、釈迦はそもそも老子の生まれ変わりだったとする「老子化胡《かこ》説」という伝承まで生まれるに至った。

この老子伝承の不思議さや曖昧《あいまい》さと同じように、『老子』そのものも成立事情がよくわからない。だから、魏晋六朝時代以降、老荘思想が流行する中で偽作されたという説さえ有力であった。その真相は、神仙老子の姿そのままに、濃い霧の中に包まれていたのである。

敦煌文書の中の『老子』

しかし、近年、敦煌《とんこう》文書、馬王堆漢墓《まおうたいかんぼ》帛書《はくしょ》、郭店楚墓《かくてんそぼ》竹簡《ちっかん》などの発見により、道家思想の実態が徐々に解明されつつある。

敦煌文書の中には、『老子』関係書が複数含まれていた。約五千字からなる無注本『老子』(本文のみの『老子』)のほか、『老子想爾注《そうじちゅう》』(『老子』注釈の形式をとって道教信者の行動規範を説くもの)、『河上公《かじょうこう》注老子』(漢の河上公、実は晋の葛洪《かっこう》が注を付けたとされる『老子』)、『唐玄宗《とうげんそう》注老子』(唐の玄宗皇帝が注を付けた『老子』)、『老子化胡経《かこきょう》』(老子が西方に去った後、胡人を教化し、仏教を創始したという伝説を説くもの)などの写本が発見されたのである。

これらは、紙に筆写されたもので、残欠部分も多いが、その意義は大きかった。なぜなら、現在に伝わる『老子』テキストは、中国で木版印刷が盛んになる宋代以降のテキスト（版本《はんぽん》）を起源とするものだからである。敦煌文書は、これまで最古とされてきた版本をさらにさかのぼることが可能である。そこで、これらの写本は、現存するほかのテキストとの照合により、本文の誤記や注釈家の誤解を部分的に訂正しうる資料となったのである。

ただ、『老子』の原型が形成されたと思われる時代と敦煌文書が筆写された時代とには、なお数百年から千年の隔たりがある。真相の解明には、まだ遠い道のりが必要であった。

馬王堆帛書『老子』の発見

ところが、こうした状況を大きく変える資料が出土した。馬王堆漢墓帛書である。一九七三年に発見された湖南省長沙《ちょうさ》の馬王堆三号漢墓は、前漢文帝《ぶんてい》の十二年（前一六八）の造営である。副葬品として、帛に記された二種の『老子』（便宜上、甲本・乙本と呼ばれている）が含まれていた。

この筆写年代を推定する手がかりとなったのは、「諱《いみな》」である。「諱」とは、死者の生前の本名で、死者に対しては、これを避け（避諱《ひき》）、死後の名前である「諡《おくりな》」で呼ぶのが礼であった。特に、皇帝の諱を文章にそのまま記すことは許されず、避諱の方法としては、その字を他の同訓（同意）の字に改める、その字の最後の一画をわざと書かない（欠筆）、などがあった。後世では、科挙の答案や皇帝への奏上文に諱をそのまま使ったことから死罪となったケースもあり、これを中国の「筆禍《ひっか》」事件と呼んでいる。文字の国ならではの出来事であろう。

この原則がいつ頃から厳格に適用されたのかは未詳であるが、帛書『老子』のうち、甲本は、漢の高祖劉邦《りゅうほう》の諱を避けず、「邦」字をそのまま使っている。よって甲本の筆写年代は劉邦の卒年（前一九五年）以前と推定された。これに対して、乙本は、「邦」字をすべて「國」字に改める一方、恵帝劉盈《けいていりゅうえい》の諱である「盈」字や文帝劉恒《りゅうこう》の諱である「恒」字を改めていないことから、高祖の没年以降、恵帝の卒年（前一八八年）以前の写本と推定された。

いずれにしても、帛書『老子』は、前漢時代のきわめて早い時期の写本であり、それは、敦煌文書の『老子』を一気に千年近くもさかのぼるテキストとなったのである。

では、この馬王堆帛書『老子』は、老子研究にとってどのような意義を持っていたのであろうか。

まず『老子』の成立年代については、老子伝承の曖昧さもあって、これまで明確なことがわからず、魏晋時代以降の偽作とする見方も有力であった。しかし、帛書本の出土により、この見方は成立しなくなった。なぜなら、漢代初期に二系統の写本が存在していたということは、その祖型がそれよりもかなり前（秦以前）にすでに成立していたことを示しているからである。印刷技術が発明される以前、文献の伝播《でんぱ》は、転写を重ねていくほかはない。これを繰り返してテキストが流布し、二系統の写本が並立するまでには相当の時間を見込んでおかねばならない。

次に、『老子』の構成については、次のようなことが判明した。現行本『老子』は、全八十一章からなる。たとえば、魏の王弼《おうひつ》が注を付けた王弼本では、「一章」「二章」、河上公本では、「体道第一」「養身第二」のように、各章が章題をともなって明確に区分されている。また、第一章から第三十八章までが「上篇」（または「道経」）、第三十九章から第八十一章までが「下篇」（または「徳経」）として二部に大別されている。

これに対して帛書本では、各章の区切りや配列が現行本と一部異なっていた。また帛書本では、現行本第三十九章に相当する部分から筆写されていて、「道（上）」「徳（下）」のまとまりが逆転していた。だが現行本に対応する全八十一章分の文章は確かに存在していた。

それでは、帛書本『老子』の個々の言葉は、どのようになっていたのであろうか。実は、帛書本の内容は、基本的には、現行本『老子』とほとんど変わるところがなかった。現行本『老子』を後世の偽作だと考える立場に立てば、帛書本と現行本との内容には大きな違いがあってほしいところであった。だが、こうした期待とは裏腹に、事態はむしろ、現行本の信頼性を確認する結果となったのである。

たとえば、魏晋時代以降に『老子』が成立したと考える説では、その根拠として、『老子』本文の中に魏の王弼の注が混入していることをあげていた。本来は本文と本文の間に割り注として記されていた小さな文字が、転写を重ねるうちに、本文として大きく記載されてしまったというわけである。しかし、そのように考えられてきた章についても、帛書『老子』は現行本と同じように記載していた。前漢初期の写本に魏の王弼が手を加えることは、絶対にあり得ない。つまり、王弼の注の混入などという説は完全に否定されたのである。

同様に、『老子』の中には、兵家、陰謀家、神仙養生《ようせい》家的思想など、老子本来の思想とは異なる要素があるという説も有力であった。たとえば、次の句はどうであろうか。

- 兵は不祥《ふしょう》の器《うつわ》なり。（『老子』第三十一章）
  戦争は、不吉な道具である。
- 正を以て国を治め、奇を以て兵を用い、無事を以て天下を取る。（第五十七章）
  正道で国家を統治し、奇策によって軍隊を運用し、なにもしないことによって天下を取る。

これらは、軍事を連想させる記述である。老子は道家で「無為」をよしとするのだから、軍事について説くはずはない。だからこれらは、後世の人の文章が何らかの原因で紛《まぎ》れ込んだと考えるわけである。

だがやはり、これらはいずれも帛書『老子』の中にほぼそのまま存在していたのである。したがって、これまで異質だと思われていた要素についても、それらが実は本来の『老子』にもそのままあったのではないか、あるいはのちに加わったとしても、それは相当早い時期の出来事だったのではないか、と推測されるのである。

このように、馬王堆帛書『老子』の発見は、『老子』研究にとって大きな意味を持ってはいたが、基本的には現行本と重なり合うテキストであることがわかると、研究者の熱意はそれ以上に盛り上がることはなかった。出土したのが「漢墓」であって、直接「諸子百家」の時代の写本ではなかったことも、研究の飛躍的な進展を止めたといってよい。

ところが、それから約二十年ののち、今度はまさに諸子百家の時代の『老子』写本が発見されたのである。

郭店楚簡『老子』

一九九三年に中国湖北省の荊門《けいもん》市郭店《かくてん》村で発見された郭店楚簡《そかん》は、戦国時代の中期、紀元前三〇〇年頃の楚墓から出土したテキストである。馬王堆漢墓帛書よりも、さらに百年以上も古い時代の写本となる。文字は、戦国時代の楚文字で記されていた。三種の写本が出土したので、便宜上、甲・乙・丙の三種に整理され、すべての竹簡が公開された。

それによれば、『老子』甲本は竹簡三十九枚、乙本は十八枚、丙本は十四枚からなる。甲・乙・丙と分類されたのは、それぞれの竹簡の形制《けいせい》（竹簡の長さ、上下端の加工のさま、竹簡を綴じるひもの痕跡《こんせき》の位置）、および字体の違いなどが手がかりとなって、区分されたのである。各本とも、篇題や章題は記されておらず、章の区切りを示すと思われる記号が見えるものの、それが厳密な分章の意識に基づくかどうかは未詳である。

これら三種の写本と現行本とを対比してみると、次のようなことがわかる。まず、甲・乙・丙の相互の内容は、基本的にほとんど重なるところがない。少し煩瑣《はんさ》になるが、復元された竹簡の配列に基づいて、現行本の該当章を並べてみると、次のようになる。

甲本……現行本『老子』の十九章・六十六章・四十六章中段下段・三十章上段中段・十五章・六十四章下段・三十七章・六十三章・二章・三十二章・二十五章・五章中段・十六章上段・六十四章上段・五十六章・五十七章・五十五章・四十四章・四十章・九章に相当する文章を含む。

乙本……現行本『老子』の五十九章・四十八章上段・二十章上段・十三章・四十一章・五十二章中段・四十五章・五十四章に相当する文章を含む。

丙本……現行本『老子』の十七章・十八章・三十五章・三十一章中段下段・六十四章下段
　に相当する文章を含む。

このように楚簡の甲本・乙本・丙本は、現行本の第六十四章下段にあたる部分が、甲本と丙本に重複する以外は、相互に重なり合うことがない。また、これら三者の記載を総計すると、現行本『老子』全八十一章の約五分の二の分量となる。

こうした状況をどのように理解すべきかについては、研究者の間で大きく見解が分かれ、今もなお議論が続いている。一つの立場は、遅くとも戦国中期には現行本とほぼ同じような内容を持つ『老子』のテキストがすでに存在していて、甲・乙・丙の三本はそれを抄録した節略本だとする解釈である。もう一つの立場は、当時はまだ現行本のようなテキストは成立しておらず、三種の写本は、『老子』が現行本の姿に形成されていく途上の、過渡的形態を示すものだとする解釈である。さらに、この二つを基本として、甲・乙・丙が各々別の作者によって作られた文献だったと想定したり、三者の成立の先後関係を推測するなど、いくつかのバリエーションが提示されている。

残念ながらいずれの説にも、現時点では確定的な論拠がなく、この問題の解決は、あるいは今後の新たな出土資料の発見を待つ以外にないかもしれない。ただ、いずれにしても、『老子』は、相当古くから一定のまとまりを持って伝播していた可能性が出てきたのである。

本節で紹介してきた老子の言葉、次々節で紹介する老子の「道」の思想なども、やはり、諸子百家の時代の産物と考えられるのである。

二 胡蝶の夢と『荘子』の思想

それでは、この老子と合わせて、「老荘《ろうそう》」と呼ばれる荘子（荘周《そうしゅう》）の思想は、どのような特色を持っているであろうか。残念ながら、荘子については、『老子』のような新資料の発見がなく、画期的な研究の展開といった状況は生じていない。ただ、おおよそ儒家の孟子と同じ頃（戦国時代中期）に活動した思想家として、老子よりは明確な人物像を刻んでいる。『史記』の伝承によれば、荘子は、戦国時代の宋の属国であった蒙《もう》（今の河南省商邱《しょうきゅう》県）の出身で、かつて漆畑の役人をしていたことがあるという。老子の思想に基づいて、寓言《ぐうげん》（たとえ話）を主体とする「十余万言」の書を著したとされる。

印象深いのは、仕官を断った話である。楚の威王《いおう》が荘周のうわさを聞きつけ、宰相として迎えたいと考えた。立派な礼物を用意して使者を派遣した。だが、荘周はあっさりと断った。「祭りに捧げられる犠牲の牛は、大切に育てられ、きれいな着物を着せられる。しかし、いざ祭りとなってから、殺されるのがいやだと言っても聞き入れてはもらえないだろう。私は、むしろ、きたないどぶの中で自由に遊んでいたい。生涯、仕官などせず、勝手きままに生きたいのだ」と。

世俗を超越した荘子の面目躍如といった話である。その荘子の思想をまとめた『荘子《そうじ》』は全三十三篇。荘周自身の思想を伝える部分と後世の付加部分とからなるが、なかでも、逍遥《しょうよう》遊《ゆう》、斉物論《せいぶつろん》、養生主《ようせいしゅ》、人間世《じんかんせい》、徳充符《とくじゅうふ》、大宗師《だいそうし》、応帝王《おうていおう》の七篇は、内篇《ないへん》と総称され、荘周自身の思想を伝える部分として高く評価されてきた。特に、斉物論篇には、荘子の思想の根幹である「万物斉同《ばんぶつせいどう》」の理論がうかがえる。

朝三暮四

そこで、以下では、斉物論篇に見える三つの言葉を手がかりに荘子の思想の特色を探ってみよう。まず取り上げるのは、成語「朝三暮四《ちょうさんぼし》」として知られる一節である。

精神をあくせくと疲れさせて絶対だと思うものを求め、結局はどれも同じであることを知らない。これを「朝三」という。どのようなものを「朝三」というのか。【猿つかいの親分が栃《とち》の実を猿どもに分け与えるのに、朝三つ、夕方四つでどうだ、と言ったところ、猿どもはみな怒った。では、朝四つ、夕方三つでどうだ、と言ったところ、猿どもはみな喜んだ。】言葉と実態との関係は破綻していないのに、喜怒の感情が発露してしまう。これもまた是非の価値判断によるのだ。そこで聖人は是非の価値判断を中和し、天鈞《てんきん》の境地に休息する。これを「両行《りょうこう》」という。

神明《しんめい》を労《ろう》して一を為《な》し而《しか》も其の同じきを知らず。之《これ》を朝三と謂《い》う。何をか朝三と謂う。【狙公芧《そこうとち》を賦《ふ》して曰《いわ》く、朝に三にして暮に四にせん。衆狙《しゅうそ》皆怒る。曰く、然《しか》らば則《すなわ》ち朝に四にして暮に三にせん。衆狙皆悦《よろこ》ぶ。】名実未《めいじついま》だ虧《か》けずして而《しか》も喜怒用を為す。亦《ま》た是《ぜ》に因《よ》るなり。是を以《こ》て聖人は之を和するに是非を以てし天鈞《てんきん》に休《いこ》う。是《これ》を之《こ》れ両行《りょうこう》と謂う。(『荘子』斉物論篇)

右の【 】で示した部分が、「朝三暮四」の直接の典拠となる故事である。猿どもは、猿つかいの親分の巧みな話術に翻弄《ほんろう》される。合計七つという数には変わりがないのに、「朝三暮四」か「朝四暮三」かで、怒ったり喜んだりする。言葉一つで、まったく正反対の反応を示してしまうのである。まことに愚かな猿どもである。

しかし、荘子が訴えたいのは、猿の愚かさではなかろう。言葉の上での微小な差異を増幅させてしまう人間の愚かさをいっているのである。だから、そうした表面的な違いに心を動かして勝手な価値判断を下すなと荘子は説く。そして、「是非」の価値判断を超越した境地、すなわち「天鈞」に身を置けというのである。

一つのドーナツ板を想像してみよう。人間の不幸は、このドーナツ板の端に位置していることである。自分が世界の真実から遠く離れたところにいるのに、まったくそれに気づかない。自分こそは世界の中心にいると錯覚し、自分の価値観が他人にも共有されているはずだと勝手に思いこむ。そこに、さまざまな摩擦や混乱が生ずるのである。

考えてみれば、この宇宙には、本来、何の区別も境界もなかったはずである。そこに、人間が登場し、これは美しいだの、これは旨《うま》いだのと、さまざまな価値づけをする。しかも、それは人ごとに異なるのである。だから、人は不幸になる。世界には紛争が絶えない。荘子はこのように嘆くのである。

ただ、聖人だけは、こうした世俗の価値観にとらわれない。ドーナツ板の例でいえば、その中心点のはるか上空に位置しているのである。ここにいれば、世界の真実が手に取るようにわかる。あの人とこの人がなぜ喧嘩《けんか》しているのかもよくわかる。世俗を超越した境地、それが「天鈞」である。そして、愚かな人々をあざ笑うことなく、それぞれの立場をそのまま認めていく。それが「両行」なのである。この思想は、『老子』が説いた文明批判を、より徹底させたものであるといえよう。

沈魚落雁

同様の思想を語るものに、「沈魚落雁《ちんぎょらくがん》」がある。これも『荘子』斉物論篇を典拠とする成語である。現在での意味は、「絶世の美女」。ただ、本来はそのような意味ではない。

齧欠《げきけつ》が王倪《おうげい》にたずねた。「あなたは、正しい、とみなが認めるようなものをご存知ですか」と。王倪は答えた。「そんなことはわからん」。（齧欠）「では、あなたはあなたのわからないものが何であるのかをご存知ですか」。（王倪）「そんなこともわからん」。（齧欠）「では、何もわからないというのですか」。（王倪）「そんなことはわからん。だが、試しに言ってみよう。わしの言うところの知っているということが実は知らないことかもしれないし、わしの言うところの知らないということが実は知っていることかもしれない。とりあえずお前にきこう。人間は、じめじめした湿気のあるところに寝れば、腰の病にかかって死んでしまうが、どじょうはそうだろうか。高い木の上に登れば、おそれ震えるが、猿はそうだろうか。ではこの三者のうち、だれが真実の住まいを知っているというのか。人間は家畜を食べ、鹿は草を食べ、むかでは蛇をうまいと思い、鳥はネズミを好む。ではこの四者のうち、だれが真実の食を知っているというのか。猿は猵狚《いぬざる》を雌《めす》とし、麋《となかい》は鹿と交わり、どじょうは魚とたわむれる。毛嬙《もうしょう》・麗姫《りき》は美人の代表だが、魚は毛嬙・麗姫を見ても恐れを感じて水中深くもぐり、鳥は高く飛び去り、鹿は駆け足で逃げ去ってしまう。ではこの四者のうち、だれが真実の美を知っているというのか。わしに言わせれば、仁義や是非の価値判断は、からみあい乱れている。どうして弁別することなどできようか」。

齧欠《げきけつ》、王倪《おうげい》に問いて曰《いわ》く、子《し》は物の同じく是《ぜ》とする所を知るかと。曰く、吾《わ》れ悪《いずく》んぞ之《これ》を知らんと。子は子の知らざる所を知るかと。曰く、吾れ悪んぞ之を知らんと。然《しか》らば則《すなわ》ち物は知ること无《な》きかと。曰く、吾れ悪んぞ之を知らんと。然りと雖《いえど》も嘗試《こころ》みに之を言わん。庸詎《なん》ぞ吾れの謂《い》う所の知の不知に非ざることを知らん。庸詎ぞ吾れの謂う所の不知の知に非ざることを知らん。且《か》つ吾れ嘗試みに女《なんじ》に問わん。民は湿《しつ》に寝《い》ぬれば則ち腰疾《ようしつ》して偏死《へんし》するも、鰌《しゅう》は然らんや。木に処《お》れば則ち惴慄恂懼《ずいりつじゅんく》するも、猨猴《えんこう》は然らんや。三者孰《いず》れか正処《せいしょ》を知る。民は芻豢《すうけん》を食らい、麋鹿《びろく》は薦《せん》を食らい、蝍蛆《しょくしょ》は帯《へび》を甘《うま》しとし、鴟鴉《しあ》は鼠《ねずみ》を耆《この》む。四者孰れか正味を知らん。猨は猵狙《へんそ》以て雌《し》と為し、麋は鹿と交わり、鰌は魚と游ぶ。毛嬙《もうしょう》・麗姫《りき》は、人の美とする所なるも、魚之を見れば深く入り、鳥之を見れば高く飛び、麋鹿之を見れば決して驟《はし》る。四者孰れか天下の正色を知らん。我より

之を観《み》れば、仁義の端《たん》・是非の塗《みち》は、樊然《はんぜん》として殽乱《こうらん》す。吾れ悪んぞ能く其の弁を知らん。（『荘子』斉物論篇）

齧欠と王倪の問答体という体裁を取りながら、大半は、王倪の言葉で構成されている。主題は、斉物論篇に一貫する、人間の認識に対する不信、世俗的価値観の否定である。人間は、万物の霊長といわれるが、本当に世界の真実を知っているのか。こうした問いに、荘子は、王倪の言葉を借りて、こう答える。人間は、住まい、味、美というもっとも根本的な対象についてさえ、世界の真実を正しく認識しているとはいえない、と。

「正処」「正味」「正色」に対する認識は、人間独自の勝手な価値判断にすぎない。人間がこれこそはすばらしいと思うものが、他の動物にとってはそうでなく、逆に、他の動物の好むものが、人間にとっては受け入れられないという場合もある。人間の判断は、決して世界の絶対的な真実ではない。そのことを荘子は他の動物の価値観との対比によって明らかにするのである。

そして、これを踏まえた結論として、「仁義の端・是非の塗《みち》は、樊然《はんぜん》として殽乱《こうらん》す。吾れ悪《いずく》んぞ能く其の弁を知らん」という。仁義は、儒家の掲げるスローガンである。鮮明な儒家批判である。仁義、忠信などの徳目を掲げて思想活動を展開する儒家は、世俗の立場の代表であり、自己の価値観への反省を欠いた思想集団の典型であった。荘子は、この儒家を痛烈に批判するのである。

ただ、荘子の思想で興味深いのは、老子からさらに一歩進んで、そうした自分の価値判断にも疑いの目が向けられている点である。王倪は、「吾《わ》れ悪《いずく》んぞ之《これ》を知らん」とか、「嘗試《こころ》みに之を言わん」などと、自信なげに発言する。

そもそも、人間の価値観とは、言葉による思考、言葉を使った表現に基づくものである。その言葉が世界の真実をとらえていないと荘子は考えた。ところが、ふと考えると、荘子自身も言葉によってそのことを認識し、表明しようとしているのである。ここに大きな自己矛盾が生ずる。言葉による認識の誤りを言葉によって説明しようとする。それは自家撞着《じかどうちゃく》というものであろう。それに気づいた荘子は、右のように、努めて通常の言葉を回避しようとするのである。「試しに言ってみよう」というのは、そうした態度の表れである。

しかし、言葉で自己の思想を表明する以上、この矛盾はいつまでもつきまとってくる。そこで荘子は、この問題を一挙に解決しようとして、斉物論篇の中に「明《めい》」という概念を登場させる。「明」とは、世俗の立場を超越した認識方法。いわば悟りの境地である。五感を経由した通常の認識方法ではなく、世界の真実と自己の心とが直接向かい合う方法である。

ここに『老子』とは異なる『荘子』の超越的立場が見られるといえよう。『老子』も、世俗の人間の価値観が世界の実相から外れていると批判した。しかし、批判する自分自身には批判の矢は向けられなかった。一方『荘子』は、自分自身を含む人間全体に批判の網をかぶせてしまったのである。これを脱出する手段は、言葉によらない超越的な方法、つまり「明」という悟りの境地である。のちに中国に伝来した仏教、とりわけ禅宗が、『荘子』の思想を助けとして受容されたのは、こうした点にもその一因がある。『荘子』における「明」と禅宗における無言の悟り、この両者は強い共通性を持つ。

胡蝶の夢

このように、荘子は、世俗の認識と価値観を否定し、あらゆる判断を相対化する。人間が絶対に正しいと考えるものも、世界の真実に照らせば、決して正しくはないのである。

こうした世界の相対化は、斉物論篇末尾では、次のような故事として、実に美しく語られる。

　昔、荘周は夢の中で胡蝶《こちょう》となった。ひらひらと舞って楽しみはつきず、自分が荘周であることを忘れていた。にわかに目覚めると、やはり間違いなく荘周であった。荘周が夢で胡蝶となっていたのか、それとも胡蝶が夢の中で荘周となっていたのだろうか。

昔、荘周、夢に胡蝶となる。栩栩然《くくぜん》として胡蝶なり。自ら喩《たの》しみて志《こころざし》に適《かな》い、周たるを知らざるなり。俄然《がぜん》として覚《さ》むれば、則ち蘧蘧然《きょきょぜん》として周なり。知らず、周の夢に胡蝶と為《な》るか、胡蝶の夢に周と為るかを。（『荘子』斉物論篇）

斉物論の論理によれば、「是」と「非」とは斉《ひと》しく、「生」と「死」も斉しく、さらに「夢」と「覚」も斉しくなるのである。人は、目覚めているときの認識が正しく、夢の中の出来事は所詮《しょせん》いつわりにすぎないと考える。しかし、すべてを相対化した荘周は、その果てに、自己の存在についても、確固たる判断を避ける。自分は、本当に荘周なのか。この世のすべては夢ではないのか。こうした境地に至るのである。

人は一生あくせくと働く。自分の価値観を頼りとして人生を生きる。そして、間違いなく目覚めていると信じている。しかし、すべては夢の中の出来事ではないのか。この世界の真実を正しく知るためには、夢と覚醒《かくせい》とを超越した大いなる目覚めの境地に到達する必要があるのではないか。それを荘子は「大覚《だいかく》」と呼んだ。

三 「道」の探求

老子の「道」

老子や荘子がのちに「道家」と呼ばれるのは、彼らがともに「道」の語によって世界の真実を語ろうとしたからである。老子は、宇宙の本源が「道」であると説く。そこは混沌とした無の状態であり、そこから段階を追って天地万物が生じてきたと考える。

混沌たる何ものかが天地の形成より前に存在していた。静かで形もなく、ただこれだけがあって変わることもなく、宇宙のすみずみまで行きわたりながら消えることもない。これこそ万物の母と言うべきであろう。しかし、私はその名を知らない。だから仮に名付けて「道」と言うのである。

物有りて混成《こんせい》し、天地に先だちて生ず。寂《せき》たり寥《りょう》たり、独立して改まらず、周行《しゅうこう》して殆《あや》うからず。以て天下の母と為すべし。吾《われ》其の名を知らず、之に字《あざな》して道と曰《い》う。(『老子』第二十五章)

天地万物が生ずる以前、そこには宇宙の母たる何ものかが存在していた。しかし、それは混沌としていて人間にはとらえられず、老子自身も、その名を知らないという。「道」とは、その仮称なのである。

そして、老子は、この道の姿を理想として、処世のあり方を説く。さかしらにふるまわないこと、多くのものを持たぬこと、一歩身を退くこと。俗世の中におけるさまざまな智恵を説くのである。

荘子の「道」

一方、荘子は、相対的な価値観に彩《いろど》られたこの世のすべてを受け入れるという超俗的な態度をとる。自らは価値判断を下さず、世界の実相をそのまま認めていくというのである。だから、荘子にとって、「道」とは、この世のすべてである。

物にはもともと認められるところがあり、物にはもともとすばらしいところがある。どんな物も存在自体を否定されるものはなく、どんな物も価値を評価されないものはない。だから、細い茎《くき》と太い柱、癩病《らいびょう》（ハンセン病）患者と美女の西施《せいし》とを対比してみれば、世俗の価値観では奇怪なとりあわせとなるが、道の真実から言えば、その対立は解消し、一つとなるのである。

物には固《もと》より然《しか》る所有り、物には固より可なる所有り。物として然らざる無く、物として可なるざる無し。故に是《こ》れが為《ため》に莛《てい》と楹《えい》と、厲《らい》と西施《せいし》とを挙《あ》ぐれば、恢恑《かいき》憰怪《きつかい》なるも、道は通じて一為《た》り。（『荘子』斉物論篇）

荘子は、世界の万物についてこう考える。すべては本来的に、その存在を認められ、その価値を尊重されるべきである。それなのに、人間の勝手な価値観が、それらを差別している。だから、一見奇怪なとりあわせと見えるものも、世界の真実からいえば、まったく等しいのである、と。

同じく「道」を説いても、老子と荘子では、やや異なる。ただいずれにしても、我々人間の世俗的な価値観が否定される点は同じである。

宇宙の本源

それでは、この『老子』『荘子』以外には、こうした究極の真実を探求しようという試みはなされなかったのであろうか。この問いに答えてくれるのが、近年発見された道家系の新出土文献である。

先に紹介した郭店楚簡の中に、『太一生水《たいいっせいすい》』という文献が含まれていた。また、郭店楚簡発見の翌年に上海博物館が入手した同様の戦国楚簡（上博楚簡《しゃんはくそかん》）にも、『恒先《こうせん》』という文献が含まれていた。これらはいずれも、従来まったく知られていなかった道家系の新出土文献である。

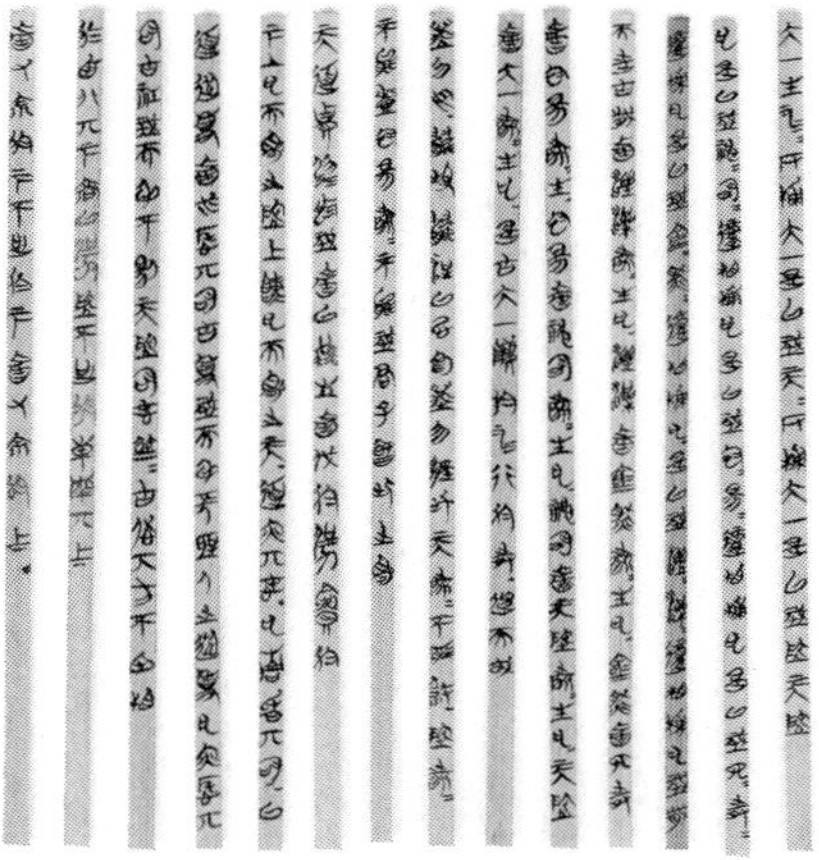

郭店楚簡『太一生水』

『太一生水』は、宇宙の根源的物質「太一」がまず「水」を生み出し、その水の力を借りて、世界の万物が形成されていくと説く。『老子』が、世界の母体である「道」から段階を追って万物が生じてくると説くのに非常によく似ている。大きな違いは、宇宙の本源を「太一」という物質であるとする点と、万物形成の触媒の役割をはたすものとして「水」に注目した点である。

また、『恒先』は、「恒先」という宇宙創生の最初期から説き起こし、やがてその「恒」なる世界に「気」が生じて、徐々に世界が劣化し、ついには人間の誕生・活動期に入ると説く。「恒先」という語は、従来の古典には見えなかったものであるが、やはり、『老子』の「道」のように、世界の根源を表現しようとしたものであろう。そして、人間の登場がむしろ本来的な世界の姿をゆがめてしまったのではないかという批評も、老荘の思想によく似ている。

諸子百家の時代には、『老子』『荘子』以外にも、豊かな道家系の思想が生み出されていたことがわかったのである。しかもそれらは、人間誕生のはるか以前にさかのぼって、壮大な宇宙生成の過程を描き出す。これは、明らかに道家思想の重要な特質を示しているであろう。儒家の思想は、きわめて人間的である。どんなに歴史をさかのぼっても、せいぜい、古代聖王の堯《ぎょう》・舜《しゅん》までであり、しかもそれら古代聖王によって築かれた文明を高く評価する。

しかし、道家の思想は、人間の誕生や活動が、むしろ宇宙の根源的状態を乱してしまったのではないか、という文明批判的側面を持っている。その思想は、他の諸子百家に比べてはるかに巨視的であるといえよう。

私たちは、宇宙から送られてくる映像により、地球の姿を見ることができるようになった。地球から月を眺めていた私たちは、月から「地球の出」を見ることさえできる。それは、私たちの価値観を一瞬のうちに相対化してしまうような不思議な映像である。こうした不思議さをもって私たちに語りかけてくるのが、道家の思想なのである。

【故事成語で読む諸子百家】**和光同塵**《わこうどうじん》

其《そ》の光を和し、其の塵《ちり》に同《どう》ず。（『老子』第四章・第五十六章）

己の才能・智恵（光）を隠して世に現さず（和）、俗世間の中（塵）に同化していく（同）、という意味。この直前には、「其の鋭《えい》を挫《くじ》き、其の紛《ふん》を解《と》く」ともある。鋭さをあえて鈍《にぶ》く見せ、難解な複雑さはあえて見せないという意味であろう。『老子』第四章では、「道」のあり方を説く言葉として記されるが、今では、柔弱の処世術を表す一節と理解されている。

人は、競争社会の中で、他人より一歩でも先んじようと英知の限りを尽くす。だが、そのことが、人との摩擦や衝突を生み、自分自身を苦しめる。少し力を抜いて、俗世に同化していくという気持ちを持てば、人生はずいぶんと楽になるであろう。世界の根源である「道」は、万物を生み出し、すべてを完璧《かんぺき》にこなしながら、そのことを決して誇ったりはしない。人も、この道の姿を規範にして生きよと『老子』は語りかけている。

なお、一九九三年に発見された郭店楚墓竹簡（郭店楚簡）には、第四章相当部分は含まれていなかったが、第五十六章相当部分は確かに存在していた。この言葉は、『老子』の言として古くから伝えられていたのである。

第六章　政治の本質とは何か——法家の思想——

嗟乎《ああ》、寡人《かじん》此《こ》の人を見、此《これ》と游《あそ》ぶを得れば、死して恨《うら》みず。(『史記』老子韓非《かんぴ》列伝)

ああ、私(秦王政《せい》)はこの人(韓非子)と会見し、親しく交わることができれば、死んでも悔いはない。

一九七五年、中国の湖北《こほく》省雲夢《うんぼう》県睡虎地《すいこち》で発見された約千枚の竹簡(睡虎地秦墓竹簡《すいこちしんぼちくかん》)。それらは、謎に包まれていた秦の法治の実態を示す法律関係文書であった。中央集権化、官僚体制の整備、農業・軍事を重視した富国強兵策の推進など、その内容は、法家思想を大成した韓非子の思想を髣髴とさせるものであった。韓非子の思想に共鳴した始皇帝の施策は、これらの法律となって具体化していたのである。

世の中をいかに治めるかについて、諸子百家はさまざまな思索をめぐらした。儒家《じゅか》は、家族内の秩序を徐々に外側に拡大していくという方法を提唱した。前提となるのは、統治者のすぐれた人徳である。立派な父親が家族に慕われるように、偉大な君主も、国の親として民の信望を集めるという発想である。

しかし、小さな血縁共同体ならともかく、「親」の目の行き届かない巨大な帝国を経営していくには、もっと画期的な方策が必要であった。それは、法による統治である。為政者の人徳によってではなく、成文法と賞罰によって人々を統制しようという法治は、秦帝国の誕生を後押しし、以後、二千年にわたって、中国世界の基本的な統治システムとなった。

始皇帝と韓非子

運命が二人の男を引き寄せた。

一人の名は、政《せい》。間もなく中国世界を統一して秦の始皇帝と名乗る王である。もう一人の名は、韓非子。戦国の七雄「韓《かん》」の公子（庶子）として生まれ、使者として秦に入国しようとしていた。

韓非子は、かつて荀子《じゅんし》に学んだことがある。同門には、のちに秦の宰相となる李斯《りし》がいた。荀子は、後天的な努力や学問によって初めて人の性が善になると考えていた。いわゆる性悪《せいあく》説《せつ》の主張である。そして、修養途上の人間を外側から規制するものとして「礼」を重視した。「礼」はあくまで人間の主体的努力に俟《ま》つという点で、人間に対する信頼を基本としている。孟子の性善説は、もとよりこうした人間の本性に絶大な信頼を置く思想であった。儒家の説く「徳治《とくち》」の思想は、この信頼を前提に、偉大な聖人の徳によって人民を感化していこうとするものだったのである。

しかし、儒家の人間観察はあまりに楽観的であり、戦国の現実はその期待を裏切った。人は法によって厳しく規制されなければますます非行に走り、仁徳を備えた君主などにはついぞお目にかかれなかった。韓非子は、身分の上下を問わずに強制力を持つ成文法の重要性を自覚した。そして、儒家の統治論を厳しく批判した。

一 「矛盾」と「守株」

『韓非子』五十五篇

法治主義を掲げて戦国時代を大きく動かしていったのは法家の思想である。その集大成者韓非子の思想を中心にまとめられたのが、『韓非子』である。

『韓非子』は、現存最古の図書目録である『漢書《かんじょ》』芸文志《げいもんし》に、「韓子《かんし》五十五篇」と記録される。「韓非子」と称するのは、のちに唐の韓愈《かんゆ》が「韓子」と呼ばれたことにより区別したものである。その内容は、先頭の「初見秦《しょけんしん》」「存韓《そんかん》」というプロローグ部分、次に、王の政治が重臣たちによって阻害されているという憤懣《ふんまん》を記した「孤憤《こふん》」、王に進言し説を受容してもらうことの難しさを説く「説難《ぜいなん》」、君主を脅かす悪臣について述べた「姦劫弑臣《かんきょうししん》」、国益を食い荒らす五つの虫（学者・言談者・帯剣者など）を批判する「五蠹《ごと》」、世に顕《あら》われた有名学派儒家と墨家を批判する「顕学《けんがく》」など、中心思想を述べた諸篇。さらには、老子の思想の解説的部分「解老《かいろう》」「喩老《ゆろう》」、そして、韓非の思想を後人がわかりやすく敷衍《ふえん》した説話部分「説《ぜい》林《りん》」「内儲説《ないちょぜい》」「外儲説」などからなる。

この『韓非子』によって知られるところによれば、韓非子は、弱小国韓のために、王のとりまき連中を批判し、「法治」主義への転換を強く主張した。しかし、韓王の正嫡《せいちゃく》ではなかったということもあり、聞き入れられなかった。そうした憤懣を背景に、彼は「孤憤」「五蠹」などの論文を著した。その内容を伝え聞いた秦王政（始皇帝）は、「この人と親しく会見することができたなら、死んでも悔いはない」とまで絶賛したという。

秦帝国が滅亡したのち、韓非子は始皇帝とともに、苛酷《かこく》な法治の象徴として批判の的となった。だが、その思想と歯切れの良い名文は高く評価され、『韓非子』五十五篇は失われることなく現在に伝えられた。文章は、他学派との対抗や君主への奏上を意識してか、きわめて論理的である。また、説得力を持つ巧みな比喩《ひゆ》が多用される点にも特色がある。

現代語として日常的に使われる「矛盾」や、待ちぼうけの詞にもなった「守株《しゅしゅ》（株を守る）」も、この『韓非子』に由来する成語である。

矛盾と堯舜

「矛盾」を生み出すもとになった故事は次のようなものである。

昔、楚《そ》の国の人で矛《ほこ》と盾《たて》を売る者がいた。この矛はどんな盾でも突き通すことができ、また、この盾はどんな矛でも突き通すことはできないと宣伝したが、「それなら、その矛でその盾を突いたらどうなるか」と問われて答えることができなかった。

『韓非子』難一《なんいち》篇に記される故事である。ここから、「矛盾」とは、前後がくい違い、論理的につじつまが合わないことの意で使われるが、『韓非子』が主張したかったのは、単なる自家撞着《どうちゃく》ということではない。ここには、堯《ぎょう》や舜《しゅん》の統治を理想とする儒家への痛烈な批判が込められている。

古の聖人舜は、世界の混乱状態を憂え、各地に赴き自ら率先して労働に従事し、三年がかりで世界は正常化したという。孔子はこの舜を理想の賢人として絶賛する。こうした舜の姿に民が感動しないわけはない。これこそ「聖人の徳化」というべきだと。

だがそのとき、もう一人の聖人堯は何をしていたのか。この問いに対して「儒者」は答える。堯は天子であったと。では、偉大な聖人堯が天子の位にありながら、世が乱れ、事態収拾のために臣下である舜が奔走しなければならないというのはなぜか。そもそも堯の統治に欠陥があるからではないのか。またもし、堯の統治が完璧であれば世界に混乱が生ずるはずはなく、したがって舜が活躍して徳化を行ったという伝説は成り立たないのではないか。あなた方儒者は口を開けば堯舜を理想の聖人として讃えるが、そもそも堯舜の二人を同時に偉大な聖人であったとする説は基本的に成り立たないのではないか。

この批判にさらに追い打ちをかけるのが前記の「矛盾」説話である。つまり、何物をも通さないという堅牢《けんろう》な盾と、あらゆる物を貫通するという鋭利な矛とは、同じ世には両立しない。今、堯舜の二人を偉大な聖人として同時に賞賛することができないのは、この矛盾の説と同じである。

では、どのような統治が理想の形態なのか。それは、法による統治である。儒家の理想は、賢者の「徳」が徐々に世界を徳化していくという「徳治《とくち》主義」にある。しかし、あの舜でさえ、世の乱れを正すのに三年を要した。しかも舜のような実行力と徳性にすぐれた賢人が歴史上に次々と現れてくるはずはない。限りある個人の力によって限りなく発生する天下の弊害を除去するには、もっと効果的な方策を講ずるべきである。

法による統治は、賞罰を背景として天下中に適用でき、しかも即効性がある。わざわざ賢人が現地に赴く必要はない。凡庸な君主でも、官僚体制という組織にその運営を任せ、自らはその組織の頂点に位置しているだけでよい。

このように、「矛盾」の故事の前後には、厳しい儒家批判が横たわっている。つまり、儒家の徳治主義に対する批判、法治主義の主張がそこに見られるのである。

株を守る儒家

同様に、「守株」も、歴代聖王の統治を後生大事に守ろうとし、現実社会に適応できない儒家を、宋の農夫に喩えて揶揄《やゆ》したものである。

昔、宋の人が、たまたま木の切り株に兎《うさぎ》がぶつかって死んだのを見て、また、同じようなことが起こるに違いないと期待し、その株の前でじっと待っていたが二度と兎は得られず、彼は国中の笑いものになった。

『韓非子』五蠹《ごと》篇に記されるこの故事も、現在では、古い習慣にとらわれて融通の利かないことの意で使われるが、本来はやはり、古代の聖王の治世を仰ぐのみで、まったく頭を切り換えることのできない儒家を笑うところに主眼がある。

法家は、世の中の変化を鋭敏に察知した。人口の増加、領土の拡大、交通の発達、戦争の大規模化など、世の中は激しく変わりつつある。政治もこれに対応して変革すべきなのに、儒家は口を開けば堯舜の世は良かったという。それではまるで、株を守って笑われた宋人と同じである。

ちなみに宋とは、殷周《いんしゅう》革命ののち、滅び去った殷の遺民を集め、その祖先祭祀を継承することを許された国である。古い文化を伝承しているという自負を持っていたが、軍事的には弱小で、他国からは、亡国の遺民として卑下されていた。孔子の先祖も、宋人であったと伝えられている。

二　韓非子の思想

ところで、始皇帝はなぜ、韓非子の思想にこれほど感激したのであろうか。それには二つの意味があったと思われる。

一つは、韓非子の思想が秦の歴史を正当化してくれるという点である。秦は、戦国中期の孝公《こうこう》のとき、宰相として迎えた商鞅《しょうおう》（?～前三三八）によって大改革を断行した。「商鞅変法《しょうおうへんぽう》」である。以来、秦は厳格な法治体制を進めてきた。

一九七五年に中国の湖北省で発見された大量の竹簡は秦の法律（秦律《しんりつ》）を記した文書であったが、そこから復元される秦の基本的な政治理念は、商鞅や韓非子の思想と見事に合致するものであった。韓非子の思想は、秦の法治の伝統に正当性を与えるものとして、始皇帝の目に映ったのである。

秦の法治と韓非子の思想

韓非子の思想の特色として第一にあげられるのは、結果主義・能力主義である。世襲による身分地位ではなく、結果・能力を重視するのである。

・今、世の君主は、詳しい調査もせずに誅伐《ちゅうばつ》を行い、明らかな功績を待たずに爵禄を与えている。（今、人主参験《さんけん》を合わせずして誅を行い、見功《げんこう》を待たずして爵禄す）。（『韓非子』孤憤篇）

・名と実との関係を照合して是非を決定し、詳しい調査によって言葉の真実を明らかにする。（名実に循《したが》いて是非を定め、参験に因《よ》りて言辞を審《つまび》らかにす）。（姦劫弑臣篇）

美しい肩書きや巧みな弁舌に惑わされるな。本人の能力や出てきた結果と照合してその是非を決めよというのである。

こうした精神は、秦律の規定にもそのままうかがうことができる。たとえば、軍爵制に関する規定。

・爵二級を返還して、親族で奴隷身分となっている者を放免しようとし、または、戦場で敵の首を斬り公士となった奴隷が、その公士の位を返還して、奴隷となっている妻を放免しようと願い出た場合には、それを許可し、庶人の身分とする。（軍爵律）

この条文が端的に示すように、秦では、世襲貴族が特権的に爵位を獲得するのではなく、戦場における功績によって爵禄が上下したのである。軍功をあげれば、奴隷身分の者も庶民の位に上昇し、親族を解放することもできる。逆に貴族の身分でも、軍功がなければ爵を取り上げられる。こうした法律により、秦は、人々を戦争に駆り立てたのである。

また、食糧・器物に関する次の法律。

・穀物を倉庫から搬出する際には、搬入した者とは別の者が搬出作業を行い、その分量を量り、帳簿と合致してはじめて搬出させせよ。（倉律）

・公用の武器は、それぞれその官名を刻み、刻印できない場合は、紅または漆で明記せよ。民に武器を貸与する際には、その印を帳簿に記載し、返却時に帳簿と照合せよ。（工律）

このように、秦律では、穀物の搬出・搬入を厳格にチェックした。役所の武器にはすべて標識を刻印し、それらを貸与する場合、返却する際には、帳簿に記載したその標識と現物とを厳正に照合せよという。現代社会では当然のことではあるが、当時としては、画期的な方策であったに違いない。

次に、韓非子の思想の特徴としてあげられるのは、信賞必罰《しんしょうひつばつ》主義である。人間は、「皆安《あん》利《り》に就《つ》き、危窮《ききゅう》を辟《さ》く」（『韓非子』五蠹篇）。人は安きにつき危うきを避ける。こう察知した韓非子は、信賞必罰の制度が重要であると考えた。自発的な行動に任せるのではなく、アメとムチによって人々をコントロールしようというのである。

この点も明らかに、秦律との共通点である。秦律は、実に些細《ささい》な点にまで段階的な賞罰を設定する。特に罰の側については、連坐制《れんざせい》の適用により、その徹底化を図っている。人々は、自分の言動に留意するだけではなく、近隣の人々の言動にも目を光らせた。あたかも戦場にいるかのように、緊張状態を強いられた。

第三に、韓非子の思想の特徴としてあげられるのは、職分厳守の主張である。官僚体制の確立を理想とする韓非子にとって、越権行為は許されざる行為であった。『韓非子』二柄《にへい》篇に次のような故事が記されている。

あるとき、君主の冠を担当する役人（典冠《てんかん》）が、昼寝をしている君主を見かけた。毛布もかけず、寒そうだったので、そっと毛布をかけて差し上げた。目覚めた君主が聞いた。毛布をかけてくれたのかと。典冠がかけてくれたと聞いた君主は、典冠と典衣《てんい》（君主の衣服を担当する役人）をともに罰したという。典衣は職務怠慢、典冠は越権行為、というのがその理由である。

職務怠慢の典衣はともかく、典冠はなぜ罰せられたのだろうか。君主の体を心配して毛布をかけた行為は確かにすばらしい。しかし、これが拡大していったらどうなるか。それぞれの役人が自分の職分を越えて勝手な行動に走る。それは、官僚体制の根幹をゆるがす行為となる。

こうした精神は、秦律においても同様であった。秦律は、官僚体制の確立を目指して官吏の任免や文書による伝達などに厳しい規定を設ける一方、たとえ優秀な技能を有する者であっても、職分を越えた活動は許さなかった。たとえば、次の規定。

・下級役人で、達筆な者がいたとしても、決して歴史官の仕事に従事させてはならない。
（内史雑）

歴史官は、国家の機密に関わる仕事を担う。だから、たとえ文字がうまい者がいたとしても、その役職にない下級役人であれば、安易に歴史官の仕事に従事させてはならないという。このように、結果主義・能力主義、信賞必罰主義、職分厳守の主張など、韓非子の思想の主要な特質はすべて秦律にもうかがうことができる。また、その基調をなす中央集権主義も、秦律全体を貫く第一の特徴であった。商鞅変法を基盤として発展してきた秦律と、商鞅の法思想を導入して大成されたという韓非子の思想とが、その基本的性格を一致させるのは、むしろ当然の現象であるといえるかもしれない。

術と勢

始皇帝が感激したもう一つの理由は、韓非子の思想が始皇帝の権威をさらに強化してくれると考えられた点である。それは「法」に加えて、「術《じゅつ》」と「勢《せい》」という要素であった。「術」とは、戦国時代の申不害《しんふがい》という思想家によって提唱されたもので、君主が臣下を操縦するための術策を意味する。法治の頂点に位置し、絶対的な権力を持つはずの君主が、臣下たちによって手玉に取られていたのでは、せっかくの法治も健全に機能しない。韓非子は、君主の側が臣下の側に真意を悟られず、権威を犯されぬような「術」の重要性を説いた。それは、臣下の「名（言辞）」と「刑（行為）」とを厳しく対照して、その結果や責任を問うという特色から、「刑名参同術《けいめいさんどう》」とも呼ばれた。

また、「勢」とは、法治を機能させるための必至の体勢・権勢をいい、戦国時代の慎到《しんとう》の思想をさらに展開させたものである。韓非子は、君主個人の徳性という不安定な要素に頼るのではなく、絶大な権威と官僚体制に支えられたオートマチックな法治を求めたのである。

これらの要素を統合した韓非子の思想は、君主の権威を高め、臣民を自在に操る術としての性格が強く、「法術《ほうじゅつ》」思想と呼ばれることもあった。

その思想は、始皇帝との運命的な出会いによって、周王朝の封建体制に引導を渡し、皇帝という絶対的権威を頂点とした郡県制と法治体制、それを運営するための官僚体制を出現させたのである。

三　法治の限界

だが、この法思想を導入した秦帝国は、前二〇六年、わずか十五年で崩壊した。その理由は、始皇帝の政治があまりに酷薄であったから、と説明されてきた。中国世界を統一した始皇帝は、郡県制の施行、度量衡《どりようこう》や文字の統一、焚書坑儒《ふんしよこうじゆ》による思想統制など、中央集権的な施策を容赦なく断行したからである。始皇帝に面会した尉繚子《うつりようし》という思想家は、その印象を、「蜂《はち》のように高い鼻柱と切れ長の目、猛獣のように突き出た胸、豺《やまいぬ》のような声で、恩愛の情にとぼしく、虎狼《ころう》のような心」（『史記』秦始皇本紀）と表現している。確かに、帝国滅亡の原因は、始皇帝の性格にもその一因があったのであろう。

しかし、秦帝国が短命で終わった理由は、それだけだったのであろうか。そこには、法治の根幹に関わる重大な問題が潜んでいるように思われる。

この問題に大きな手がかりを与えてくれるのは、やはり睡虎地秦墓竹簡である。この竹簡群の中には、秦の法律とともに、次のような法律関係文書が含まれていた。

・「語書《ごしよ》」……秦王政の二十年（前二二七）、南郡《なんぐん》の長官であった騰《とう》という人物が治下の県・道に発した文書。南郡とは、旧楚領。「語」は告げる意。県・道は郡の下の行政単位。

・「為吏之道」……地方の吏の心得をほぼ四字句ずつにつづった文書。「吏為《りた》るの道」と読む。秦の末端統治の状況を示す貴重な資料。

睡虎地秦墓竹簡「語書」と南郡統治

「語書」は、戦国最末期における秦の占領地政策を示す貴重な資料である。南郡長官の騰は、次のような文書を治下の各県に通達した（以下、便宜上、①②などの段落に分けて概要を示す）。

①二十年（秦王政の二十年、紀元前二二七年）四月、南郡（昭王二十九年［前二七八年］、旧楚都の郢《えい》一帯に設置した郡）長官の騰は、県・道（郡の下の行政単位）の長官に告げる。昔は、民にそれぞれ地方の習俗があって、その利害・好悪などが異なっていた。それは民にとっても不便であり、国家にとっても害となっていた。そこで聖王が法を作り、その法によって民の心を正し、害悪を除いた。しかし、法律はまだ不足していて、民の中には、知恵をめぐらして法をすり抜ける者がいた。そこでのちに追加の令が下った。

②そもそも法律令とは、民を教導し、その不正を去り、その悪い風俗を除き、民を善に向かわせるものである。

③今、法律令は完備したが、それにもかかわらず、吏民（末端の小役人と民）はそれに従わず、悪い習俗にそまった民はやむことがない。これは王の法を廃して不正の民を助長する行為である。はなはだ国に害があり民にも不便である。

④そこで私は、法律令その他の法を整えて通知し、役人に明示させ、吏民ともに、これを正しく認識し、罪に触れることがないようにさせた。
⑤今、法律令はすでに発布されたにもかかわらず、法を犯す吏民はやむことがない。公に反し、地方の習俗を尊重するという心が一向に改まらないと聞く。
⑥今、人を派遣して、巡行視察させ、法令に従わない者を検挙し、管轄の役人も同罪とする。
⑦駅伝によって、この旨を各県・道に伝え、江陵《こうりょう》(楚の旧都、現在の湖北省江陵県)には、別に文書を郵送せよ。

人間はその本性のままでは平和な社会を作り出せず、法によって矯正する必要がある。そこで、古の聖王が法を作成した。だが、法によっても平和な社会が出現しなかったのは、過去の法律令の不足による。①は、こうした性悪説的な立場を表明し、また、法治が貫徹しないのは、法の精神や法の運用に問題があるのではなく、法の網の目の粗さにあると指摘する。そこで、法の不備を補うために、改めて「法律令」が下された。しかし、それにもかかわらず、統治に支障を来しているのは、「吏民」(末端の役人と民)がそれを遵守しないからである。③はこの点をとらえ、本来、民を教導すべき「吏」が法律令を民に明示していないのではないか。あるいは、吏と民とが一体となってそれに違反しているのではないかと指摘する。

④はそのための追加措置であり、吏民に対して法律令の徹底を図る。しかし、こうした措置にもかかわらず、⑤のように、その状況には改善が見られない。しかも、県令以下、統治監督の立場にある者が、そうした吏民の不正を知らず、あるいは知った上で隠しているという現実がある。

そこで、南郡長官の騰は⑥のように、すべての地方官吏を処罰の対象とする具体的な指示を発令し、「悪吏」の掃討を期す。⑦はその伝達方法の指示である。

このように、秦の法律は、地方の習俗の壁に阻まれて、容易には浸透していなかったのである。地方で採用される吏が、心情的に民の側に近く、吏と民とが癒着していることもその一因であった。特に、この南郡とは、最後まで秦に抵抗した旧楚の領土である。その習俗とは、「其の俗剽軽《ひょうけい》、怒りを発し易《やす》し」（『史記』貨殖《かしょく》列伝）とか、「楚三戸《さんこ》と雖《いえど》も、秦を亡《ほろぼ》すは必ず楚なり」（同、項羽本紀）と伝えられるように、秦に対して強い反感を持つものであった。南郡が設置されてからすでに五十年、この「語書」の文面は、占領地における旧共同体の原理が容易には改変されないという実情を示している。

地方役人の心構え「為吏之道」

それでは、こうした実情を秦はどのように打開しようとしたのであろうか。もちろん「語書」は、この通達によって、不正の吏民を厳しく摘発するとしている。だがその一方で、睡虎地秦墓竹簡には、「為吏之道」という不思議な文書も含まれていた。これは、末端で働く役人の心構えを説いた文書である。

地方の吏の心得をつづった「為吏之道」は、秦の末端統治の状況を示す貴重な資料である。そこには、さまざまな要素が含まれている。「語書」のような強圧的な文書ではない。思想的にも、単に法家的か、儒家的かというような観点では割り切れないものを含む。

たとえば「廉潔公正」たれという一句がある。これは、儒家的とも法家的ともいえる。また「自覚・自省し富貴・欲望を抑制せよ」とか、「明察力を持て」とか、「言動を慎重にして情報を秘守せよ」、「民の実情を把握せよ」などの句も、儒家・法家などの枠では区別し難い。

もちろん、「為吏之道」は全体的に整然とした論理展開を示す文書ではなく、いわば、警句を集めた短文集である。だが、なかには注目すべき内容も含まれている。「万姓《ばんせい》を慈愛《じあい》せよ」とか、「民の習俗を変えることに慎重であれ」という共同体の習俗への配慮。また、「民の能力を明らかにせよ」という民の実情への配慮など。これらは、法治の貫徹を最終目標とする一つの統治術であろう。だが、明らかに「語書」の論調とは異なる。吏の側が民の実情に留意し、地方の習俗にも一定の理解を示すよう指示しているのである。

このように「為吏之道」の内容は、「語書」に比べてやや複雑である。それでは、この二つの資料の性格の違いは、なぜ生じたのであろうか。

睡虎地秦墓の墓主は「喜《き》」という法吏であった。彼の経歴を記す「編年記《へんねんき》」という文書も同時に出土している。それによれば、秦律も、「語書」「為吏之道」も、生前の喜の職務と密接な関係にあった資料である。

そこで、これについては、現在、大きく分けて二つの見方が示されている。一つは、「為吏之道」の柔軟な内容を重視して、始皇帝当時の法治も実は法家思想一色ではなく、商鞅変法当時からはかなり変質している、ととらえる立場である。またこれに関連して、始皇帝初期の法治はそれほど苛酷ではなかったと考えるものもある。

これに対して、南郡長官の騰による「語書」の発布を重視し、この頃から、秦の法治、特に南郡の統治が厳格の度を増していったというとらえ方もある。確かに、出土した「編年記」によれば、「語書」の発布された前年（紀元前二二八）、「南郡備警《びけい》」（南郡に対する非常警備態勢）と称する統治の強化が図られていることがわかる。

秦の統治の二重構造

しかし、これら二つの立場は、結局、「語書」「為吏之道」のどちらをより重視するかによって分かれたものであり、二つの資料が同一人物の墓の中にあったことの意味を解明しているとはいいがたい。「語書」を重視して、法治の強化の反映ととらえてしまえば、法家以外の諸思想を含むとされる「為吏之道」の存在意義が不明となる。特に、民の側への柔軟な対応を説く一節は、苛酷な法治とは相容れない性格を持つ。一方、「為吏之道」を重視して、従来の厳格な法家思想が変容したととらえる場合も、「語書」の強硬な法治の宣言を軽視したことになるであろう。

この二つの資料が、地方の法吏の手中にあったことの意味については、秦の統治の二重構造を想定する必要があろう。つまり、秦の法治を根底で支える法術思想は、商鞅の時代以来、基本的には変質していない。しかし、南郡長官の騰が「語書」で嘆く通り、その法治は決して末端までは浸透していない。それは、「語書」に示されるように、地方の習俗を「悪俗」と決めつけ、それをひたすら法によって改変しようとする秦の強硬な法思想の抜き難い弱点でもあった。しかも、韓非子の著作を見て感動する秦王政には、秦の法思想や君主権力をより強化しようとする志向はあっても、民の実情や地方の習俗に柔軟に対応しようとする発想は稀薄であった。

そこで、変わらぬ秦の強硬な法思想と、これまた容易には変容しない民の習俗との摩擦をいかに解消するか、という重要な課題が、国家の基本的政策やその法思想の中に追究されないまま、末端統治の現場で働く吏に託されていくのである。こうした秦の二重構造的統治の現実を、「語書」と「為吏之道」とは、奇《く》しくも反映しているのではなかろうか。

法治の限界

本章では、睡虎地秦墓竹簡を中心資料として、秦の法治の実態とその法思想の特質について考えてきた。秦律からうかがうことのできる秦の統治理念は、商鞅・韓非子流の法治主義と中央集権主義によって貫かれていた。しかし、旧楚領である南郡では、秦に対する反発もあって、秦の法治はうまく機能していなかった。南郡長官の騰は「語書」によって、法の意義と正当性とを主張し、悪吏の摘発を宣言する。こうして、秦の法は、その根本的な是非についての反省を欠いたまま運用され続けた。末端統治の現場で働く吏に、その矛盾の解消を託してしまったのである。

法家の思想は、儒家の徳治主義に対する批判から出発した。「矛盾」や「守株」の成語が示す通り、人徳に頼る政治は、大帝国を統治する有効な手段とはならない。人徳などという不安定な要素に頼るのではなく、よりオートマチックな法、システマチックな官僚体制に委《ゆだ》ねるべきだというのが法家の主張であった。しかし、その法を制定し運用するのは、結局人である。その人とは何かという重要な問題を、法家は棚上げにした。厳しく迫れば人は法に従うものだと単純に考えてしまったのである。

法治と官僚体制。これは、以後の中国のみならず、世界の統治のモデルとなった。現代にも通ずるような世界統治の方策は、すでに紀元前三世紀の中国に生み出されていたのである。だが、法治にも限界はあった。人心を忘れた法治。それが韓非子と始皇帝の悲劇を招いた。

この歴史の教訓をもとに、次の漢代では、儒家が新たな統治理論を提唱した。法家が唱え、始皇帝が実践した「法治」を、皇帝の「人徳」によってコントロールしようという考え方であり、これが漢帝国によって採用された。春秋戦国時代に見られた「徳治」と「法治」の対立が、結果的に折衷される形となったのである。法治は高く評価されたが、それはあくまで徳治を支える技術としてであった。

だが、このシステムは、結局のところ為政者が法を支配するわけで、法のもとの平等は保証されていない。現代中国においても、司法は独立しておらず、中国共産党の下部組織となっている。こうした「人治」の伝統は、実に、この秦漢帝国の時代に形成されたのである。

【諸子百家余話】韓非子と司馬遷《しばせん》と年表と

韓非子の容貌を具体的に示す資料は残っていない。韓非子の伝記については、司馬遷の『史記』に見える記録が、ほとんど唯一の伝承となっている。

それによれば、韓非子は、紀元前三世紀頃、戦国の七雄の一つ韓《かん》国の出身で、その韓の公子（庶子）であった。生まれながらの吃音《きつおん》のため、人前での弁舌は苦手であったが、著述には才能を発揮し、「孤憤《こふん》」「五蠹《ごと》」などの著は秦の始皇帝を感激させた。しかし、韓の使者として秦に赴《おもむ》いた際、宰相の李斯《りし》の計略によって薬殺された。

その非業の最期と偉大な業績は、のちに漢の司馬遷に強烈な印象を与えた。武帝の怒りをかって宮刑《きゅうけい》に処せられた司馬遷は、『史記』を著すに際し、自らの不遇を韓非子の境遇に重ね合わせている。

その司馬遷の『史記』は、本紀、世家、列伝などからなるが、各種の「表」も注目される。今では、パソコンの機能を使って、罫線《けいせん》を引いたり、表を作成したりすることは、いとも簡単にできるようになった。だが、竹簡に文字を記していた時代、文字は竹簡の上端から筆写され、下端までいくと、次の竹簡の上端に移る、というのが通常の書式である。複数の竹簡を横断して段組の歴史年表を作るという発想は、意外に新鮮なものだったのではなかろうか。

こうした形式の代表は、これまで、『史記』十二諸侯年表や六国年表などであると考えられてきた。司馬遷の創作にかかるものとして高い評価を与えられてきたのである。しかし、睡虎地秦墓竹簡（雲夢秦簡）には、多くの秦の法律関係文書にまじって、「編年記《へんねんき》」という年表が含まれていた。これは、秦の昭王元年（前三〇六）から始皇三十年（前二一七）に至る秦の大事件を簡潔に記したものである。興味深いのは、上段に、関中《かんちゅう》を中心とする秦の戦役という、いわば公的な記事が記される一方で、下段に、墓主（喜という下級法吏）の経歴や家族の出来事という、いわば私的な内容が見られることである。また、年表ではないが、「為吏之道」という役人の心得を書いた文書も、竹簡の文字は四字句の五段組となっていて、読者は最上段の句を、右から左へと横に読み、次に二段目の右端に移る、という書式になっていた。

『史記』表のアイデアは、司馬遷の時代になって突然現れてきたものではなく、戦国時代には、すでにさまざまな祖型があったのではないかと考えられるのである。

第七章　戦わずして勝つ――孫子の思想――

百戦百勝は善の善なる者に非《あら》ざるなり。戦わずして人の兵を屈《くっ》するは、善の善なる者なり。(『孫子』謀攻《ぼうこう》篇)

百たび戦って百たび勝つというのは最善の方策ではない。戦闘を行わずに敵の兵力を屈服させるというのが最善の方策である。

用兵の目的は国力と軍事力とを保全することにある。「百戦百勝」は最善ではない。連戦は勝敗のいかんにかかわらず国力の消耗を招くからである。勝利を求めた結果、国家の経済破綻を招いたのでは本末転倒である。また、せっかく勝利しても、敵の国力と軍事力を徹底的に破壊してしまっては、戦後復旧に多大の時間と経費を要してしまう。だから、実際の戦闘行動を起こす前、つまり、政略・戦略の段階で勝利する。これが最上の策なのである。

『孫子』はそれを「謀攻」と定義した。

それはまた、中国兵法と外交の基本姿勢ともなっていった。さまざまな詐術《さじゅつ》、謀略、駆け引き。それらは、一見、正義の行いに外れるようにも見える。しかし、国家と人命を尊重するという基本精神が、こうした思索を深めていったのである。

『孫子』の登場

今から二千五百年以上前、中国春秋時代の戦争は、互いをはるかに見通すことのできる大平原に、両軍の戦車が日時を決めて布陣し、開戦の合図によって戦いを始めた。貴族戦士によって構成される軍隊は、兵力数数百から数千。最大でも数万という規模。戦闘も数時間から長くて数日。勝敗が決まると、互いに軍隊を撤収し、講和が結ばれた。

こうした戦争の形態は、春秋時代末期（紀元前五世紀の初め）の呉《ご》の対外戦争で、大きな転換をとげる。呉王闔廬《こうりょ》・夫差《ふさ》の時代の対楚《そ》戦、対越《えつ》戦は、従来の常識をくつがえした。この戦争は、大量の歩兵を主力とする軍隊構成、数年に及ぶ長期持久戦、国民を総動員した大部隊編成、数千里に及ぶ長距離進攻作戦の反復など、それまでの戦争のあり方を一変するものだったのである。

その変化の様子を、総兵力、構成員、主要兵科、主要兵器、戦場・戦術、期間などの項目ごとにまとめてみよう。

呉越戦争を契機とする戦争形態の変化

	【春秋時代】		【春秋末から戦国時代】
①総　兵　力	数百〜数万	↓	数十万〜百万
②構　成　員	士（貴族）	↓	士＋民
③主要兵科	戦車	↓	歩兵、騎兵
④主要兵器	弓・戈《か》・戟《げき》・剣	↓	弓・戈・戟・剣＋弩《ど》
⑤戦場・戦術	平原における会戦	↓	地形の特質を利用
	戦車による正面対決	↓	多彩な用兵・戦術
⑥期　　間	数時間〜数日	↓	最長の場合数十年

⑦戦争の終結	講和（人質・金銭・領土）　↓　国家の存亡

この激動の中に生まれたのが、『孫子』である。春秋時代の末期、呉王闔廬《こうりょ》（?〜前四九六。「闔閭」と記されることもある）に仕えた孫武《そんぶ》は、呉の対外戦争の教訓をもとに、体系的な軍事思想を樹立した。今も、世界の兵典として読みつがれている『孫子』の誕生である。

一　孫武と『孫子』

孫武の伝承

『孫子』の著者とされる孫武について、『史記』には次のような伝承が記されている。

孫武はあるとき、呉王闔廬の前で、兵法家としての才能を披露することになった。孫武は、王宮の美女百八十人を二隊に分け、王の寵愛《ちょうあい》している姫二人を各隊の長に任命して練兵を開始した。まずは繰り返し軍令を説明し、違反した場合の罰則も明示した。そして、太鼓をたたいて軍令を下したが、婦人たちは本気にせず、笑うばかりで従わない。孫武は、「軍令を明らかにしないのは将たるものの罪であるが、軍令を明らかにしたのに兵が動かないのは隊長の罪である」として、隊長役の二人の姫を斬ろうとした。

驚いた闔廬は、「もうそなたが用兵にすぐれていることはわかった。二人を斬らないでほしい」と頼んだ。孫武は「私はすでに君命を受けて将となっています。将たるものがひとたび出軍すれば、君命もお受けいたしません」と拒絶、ついに隊長二人を斬って見せしめにした。改めて隊長を任命しなおして再度軍令を下したところ、婦人たちは別人のようにきびきびと行動した。

こうして孫武は、厳格な軍令に基づく用兵術を実演し、闔廬は、孫武の実力を評価して呉の将軍に採用した。その後、呉は、孫武の力により、西方では強国の楚を破り、北方では斉《せい》や晋《しん》を脅かして、その実力を天下に示した。

『孫子』の構成と注釈書

今に伝わる『孫子』(現行本《げんこうぼん》)は、全十三篇からなる。計《けい》・作戦《さくせん》・謀攻《ぼうこう》・形《けい》・勢《せい》・虚実《きよじつ》・軍争《ぐんそう》・九変《きゆうへん》・行軍《こうぐん》・地形《ちけい》・九地《きゆうち》・火攻《かこう》・用間《ようかん》の十三である。

このうち、計篇は、戦争に対する基本的な考えと開戦前の周到な準備について説く。まさに全体の冒頭にふさわしい一篇である。

また、十三番目の用間篇は、間諜《かんちょう》(スパイ)の活用と情報戦について説くもので、情報収集を重視する『孫子』のしめくくりとして理解されてきた。ところが、一九七二年に中国山東省の銀雀山漢墓《ぎんじゃくざんかんぼ》から、竹簡に記された『孫子』が発見され、そこでは、十二番目の火攻篇と十三番目の用間篇の順序が逆になっていた。戦争がいかに重大事であるかを述べる火攻篇末尾こそ、実は、計篇と呼応するものであったことがわかったのである。

ただ、従来は、用間篇を末尾とする十三篇の配列で『孫子』は理解されてきた。代表的な注釈としては、三国時代の魏《ぎ》の武帝《ぶてい》（曹操《そうそう》）が注をつけた『孫子』（魏武帝注《ぎぶていちゅう》 孫子）がある。のちの宋代において、『孫子』をはじめとする七つの兵書が「武経七書《ぶけいしちしょ》」としてまとめられるが、そこで採用されたテキストも、この魏武帝注系統の『孫子』であった。

これに対して、魏の曹操の注をはじめとする十一人の注釈をまとめた「十一家注《じゅういっかちゅう》 孫子」という系統のテキストがある。魏の武帝、梁《りょう》の孟氏《もうし》、唐の李筌《りせん》、杜牧《とぼく》、杜佑《とゆう》、陳皞《ちんこう》、賈林《かりん》、宋の梅堯臣《ばいぎょうしん》、王晳《おうせき》、何延錫《かえんし》、張預《ちょうよ》の注釈を合わせたもので、諸氏の注釈を一覧するのに便利である。

銀雀山漢墓竹簡『孫子』の発見

『孫子』の内容については、ながく疑いが持たれてきた。今に伝わる十三篇が春秋時代の孫武に関わる兵書なのか、戦国時代の孫臏《そんぴん》に関わる兵書なのか、それとも三国時代の魏の曹操の頃に偽作されたものなのかという疑問である。それは、春秋時代の呉の孫武、戦国時代の斉の孫臏という二人の兵法家が知られていながら、伝えられてきた兵法書が一つの『孫子』だったという謎にも関わっている。『孫子』をめぐる探求は、こうした入り口のところで停滞していたのである。

ところが、こうした状況に大きな衝撃を与える事件が起きた。

一九七二年四月、中国の山東省臨沂《りんぎ》県の南にある小高い丘銀雀山《ぎんじゃくざん》から前漢時代の墓が発見された。一号墓・二号墓と名付けられた二つの墓の棺の中には、それぞれ白骨死体があったが、すでに腐って散乱しており、性別・年齢などはわからなかった。しかし、副葬されていた漆器・陶器・貨幣などの鑑定によって、これらが前漢初期の墳墓であることが確認された。また、一号墓には大量の竹簡が副葬されていた。これが、中国兵学研究に新たな歴史を開くこととなる銀雀山漢墓竹簡（銀雀山漢簡）の発見である。

銀雀山漢簡は、約二千年の間、泥水の中に浸っていたので、竹簡を綴《と》じていた革はすでに朽ちていて、ばらばらになっていた。また、農民が発見し、手荒く搬出したために、多くの竹簡は無惨に断裂した。ただ、その後の整理解読により、その総数は約七千五百枚（破断した一部などを含む）、そのうち、文字を確認できる竹簡は約五千枚であることがわかった。文字は、漢代の通行文字である隷書《れいしょ》で書かれていて、毛筆に墨を含ませて記されていた。

一簡の長さは二十七・五センチ。幅は〇・五～〇・七センチ、厚さは〇・一～〇・二センチ。内訳は、『孫子』二百三十三枚、『孫臏兵法』二百二十二枚、『尉繚子《うつりょうし》』七十二枚、『六《りく》韜《とう》』百三十六枚など、多くは兵書であった（銀雀山漢墓竹簡整理小組『銀雀山漢墓竹簡〔一〕』文物出版社、一九八五年）。

このうち、竹簡本『孫子』は、現在の十三篇『孫子』にほぼ対応し、『孫臏兵法』は、斉の孫臏に関わる兵書であることが明らかになった。現行本『孫子』は、やはり春秋時代の呉の孫武に関わる兵書だったのである。

銀雀山漢墓竹簡『孫子』

『孫子』と『孫臏兵法』の関係についても、新たな事実が判明した。『孫臏兵法』の中の「陳忌問塁《ちんきもんるい》」篇に「孫氏の道《そんし》」という記載があった。これは孫武以来の兵法が、「孫氏」の家学として伝承されていたことを示している。

銀雀山漢墓から発見された二つの『孫子』。これらは、『孫子』の成立事情を解明するとともに、『孫子』の兵法がその後どのように継承されていったのかについても大きな手がかりを与えてくれたのである。

二　『孫子』十三篇の思想

孫武の『孫子』は十三篇からなる。各篇の概要をまとめながら、『孫子』兵法の特徴を探ってみよう。

計篇

十三篇『孫子』の冒頭をかざるのは計篇である。戦争に対する基本的な考え方と開戦前の周到な準備について説くもので、まさに巻頭にふさわしい一篇である。「計」とは、はかるという意味。「五事七計《ごじしちけい》」（五つの主要項目と七つの具体的指標）によって彼我《ひが》（敵と味方と）

の実情を比較計量し、勝算の有無を冷静に判断すれば、実際の戦闘を行う前に勝敗を知ることができると説く。また、戦争の本質が「詭道《きどう》（だましうち）」にあることを鋭く指摘している。

戦争とは、国家の一大事である。人の死生を決める分岐点であり、国家の存亡を左右する道であるから、これを深く洞察しないわけにはいかない。だから、五つの事柄でよくよく検討し、（七つの）計で比較分析し、敵味方の実情を求めるのである。

孫子曰く、兵とは国の大事なり。死生《しせい》の地、存亡《そんぼう》の道、察せざるべからざるなり。故《ゆえ》に之《これ》を経《はか》るに五事を以《もっ》てし、之を校《くら》ぶるに計を以てして、其の情を索《もと》む。（計篇）

『孫子』冒頭の言葉である。正面対決を原則とする戦車戦から、さまざまな詐術《さじゅつ》を駆使する戦略的な歩兵・騎馬戦へ。貴族を主兵力とする数千の軍隊から、国民を総動員する数十万規模の大軍へ。呉越戦争に代表される戦争形態の大きな変化を受けて『孫子』は誕生した。このような大規模な戦争は、国家の最重要事として考えなければならない。戦争は、人間の死生、国家の存亡を決するものであり、上に立つものは、まずこのことに深く思いを致す必要がある。そのためには、彼我の戦力を入念に事前分析しなければならない。その指標として『孫子』が提唱するのは、次のような五つの「事」と七つの「計」であった。

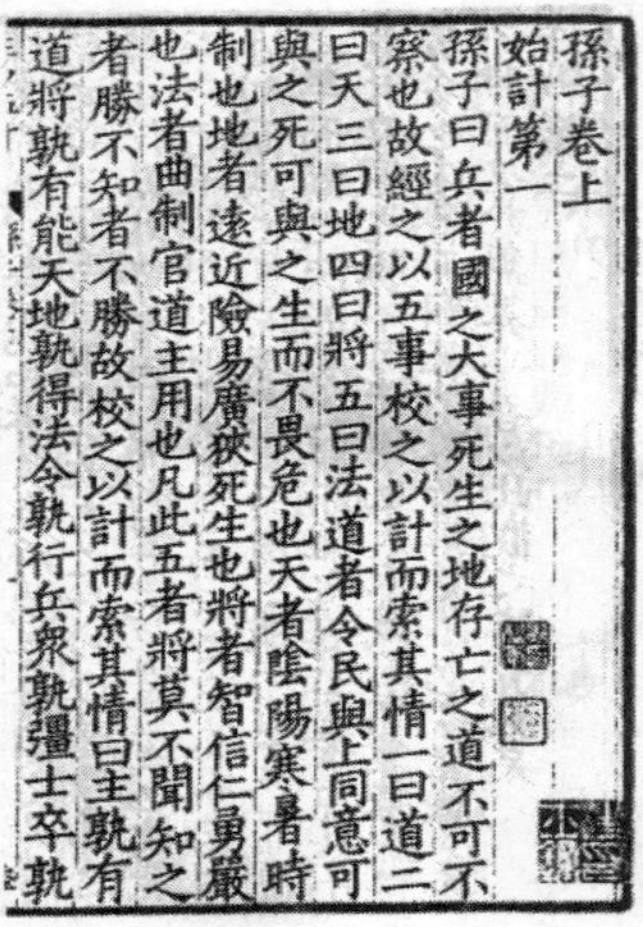
孫子卷上
始計第一
孫子曰兵者國之大事死生之地存亡之道不可不
察也故經之以五事校之以計而索其情一曰道二
曰天三曰地四曰將五曰法道者令民與上同意可
與之死可與之生而不畏危也天者陰陽寒暑時
制也地者遠近險易廣狹死生也將者智信仁勇嚴
也法者曲制官道主用也凡此五者將莫不聞知之
者勝不知者不勝故校之以計而索其情曰主孰有
道將孰有能天地孰得法令孰行兵衆孰彊士卒孰

『孫子』冒頭部

〈五事〉

「道」「天」「地」「将」「法」の五つ。

「道」とは、民の気持ちを為政者に同化させることのできるような政治の正しいあり方。これによって、民は為政者と生死をともにして何の疑いも抱かないようになるのである。「天」とは明暗・寒暑・時節などの自然条件、「地」とは遠近・広狭、有利・不利となるような地形、などの戦場に関する地理、「将」とは軍を統括する将軍の能力で、具体的には、智（智恵）、信（信頼）、仁（思いやり）、勇（勇気）、厳（厳格）の五つ。「法」とは、曲制《きょくせい》（軍隊の構成や指揮系統などのきまり）、官道《かんどう》（組織の上下や賞罰に関するきまり）、主用《しゅよう》（主軍の輜重《しちょう》や食糧に関するきまり）、すなわち軍を運営するための各種の規則である。これらは、敵・味方の実情や優劣を冷静に判断するためのもっとも重要な指標である。

〈七計〉

五事をはかり考えるための、より具体的な七つの比較の指標。「主」「将」「天地」「法令」「兵衆」「士卒」「賞罰」。敵と味方で君「主」はどちらがすぐれているか、どちらの「将」軍が有能であるか、「天地」の自然条件はどちらに有利か、「法令」はどちらがきちんと行われているか、「兵衆」すなわち軍隊はどちらが強いか、個々の「士卒」はどちらがよく熟練しているか、軍功に対応する「賞罰」はどちらがより明確にされているか。孫武はこれらによって、実際の戦闘が行われる前に勝敗を知ることができると説く。

計篇は、行動の前に計画が必要であることを強調している。組織的な大きな行動であればなおさらである。それが組織の存亡に関わる重大な事業ともなれば、企画の立案とその検討は特に入念に行わなければならない。杜撰《ずさん》な企画のもとに発動された戦いは、悲惨な結果を招く。

中国の兵書は、戦場での戦闘技術を説く書ではない。戦闘を始めるまでに、何が必要であるかを強調する書である。勝敗の八割がたは、この企画の段階で決しているのである。

作戦篇と謀攻篇

次の作戦篇から後は、おおむね戦争の進行に沿って各篇が配置されていると考えられる。以下では、ゆるやかに二篇ずつのペアを構成しているものとして解説を加えてみよう。

まず作戦篇は、戦争を始めるに際して、多大の軍費や食糧を要することを説く。戦争は国家経済に深刻な打撃を与えるので、開戦の判断はくれぐれも慎重に行い、開戦に踏み切った場合も、できるだけ迅速に切り上げるべきだと主張している。

およそ戦力を運用する方法は、戦車千台、輜重車《しちようしや》千台、武装兵士十万という規模で、千里の彼方《かなた》に食糧を輸送するというときには、国内外の経費、外国の使節をもてなす費用、膠《にかわ》や漆《うるし》といった武具の材料、戦車や甲冑《かっちゅう》の供給など、一日で千金をも費やして、はじめて十万の軍隊を運用できるのである。戦争を行うに際し、敵に勝つまでの長期持久戦となれば、軍を疲弊させ兵の士気をくじいてしまう。敵の城を攻撃する場合には、長期戦となることは必至で、こちらの戦力もつきてしまい、敵が籠城《ろうじょう》を覚悟して長引けば、兵を長期にわたって野営させることになり、必然的に国家の経済も窮乏してしまう。

孫子曰く、凡《およ》そ用兵の法は、馳車千駟《ちしゃせんし》、革車千乗《かくしゃせんじょう》、帯甲《たいこう》十万、千里にして糧《りょう》を饋《おく》るときは、則《すなわ》ち内外《ないがい》の費《ひ》、賓客《ひんきゃく》の用、膠漆《こうしつ》の材、車甲《しゃこう》の奉《ほう》、日《ひ》に千金《せんきん》を費《つい》やして、然《しか》る後《のち》に十万の師《し》挙《あ》がる。其の戦いを用いるや、勝つに久しければ則ち兵を鈍《つか》らせ鋭《えい》を挫《くじ》く。城を攻むれば則ち力屈《つ》き、久しく師《し》を暴《さら》せば則ち国用《こくよう》足《た》らず。（作戦篇）

戦争とは、人が戦うのであり、物が戦うわけではない。しかし、人の奮闘には限りがあり、奮闘を促《うなが》すための物質的基盤が重要となる。そもそも挙兵を可能とするための戦費や食糧や武器は充分に備蓄されているのか。それらを前線に送るための兵站《へいたん》（後方支援部隊）は確保されているのか。こうした物質的な支援体制が整ってこそ、士気は高まり、奮戦は促されるのである。

また、こうした物質的側面を冷静に勘定してみれば、戦争がいかに割の合わない事業であるかがわかる。開戦前の戦力は戦争開始とともに確実に消耗していくのである。だからこそ、挙兵の判断は、慎重の上にも慎重を期して下さなければならず、可能な限り短期で決着をつけなければならない。

この精神を「謀攻」という観点から説くのが、次の謀攻篇である。謀攻とは、謀略による攻撃の意味。こちらの戦力を温存したまま、策略によって実質的な勝利を得よと説く。また、謀攻により、敵の兵力をそのまま手中に収めよと述べる。『孫子』兵法の真髄《しんずい》を説く一篇である。

およそ軍隊を運用する際の原則は、敵国を保全したまま勝利するのを最上の策とし、敵国を撃破して勝利するのは次善の策である。敵の軍団（周代の軍隊編成によれば、一軍は一万二千五百人）を保全したまま勝利するのが最上の策であり、敵の軍団を撃破して勝利するのは次善の策である。敵の旅団《りょだん》（五百人編成の部隊）を保全したまま勝利するのが最上の策であり、敵の旅団を撃破して勝利するのは次善の策である。敵の「卒《そつ》」（百人編成の部隊）を保全したまま勝利するのが最上の策であり、敵の卒を撃破して勝利するのは次善の策である。敵の「伍《ご》」（軍の最小単位、五人から成る）を保全したまま勝利するのが最上の策であり、敵の伍を撃破して勝利するのは次善の策である。これゆえ、百戦して百勝するというのは最善の方策ではない。戦闘を行わずに敵の兵力を屈服させるというのが最善の方策である。

孫子曰く、凡《およ》そ用兵の法は、国《くに》を全《まっと》うするを上《じょう》と為《な》し、国を破《やぶ》るは之《これ》に次《つ》ぐ。軍を全うするを上と為し、軍を破るは之に次ぐ。旅《りょ》を全うするを上と為し、旅を破るは之に次ぐ。

卒《そつ》を全うするを上と為し、卒を破るは之に次ぐ。伍《ご》を全うするを上と為し、伍を破るは之に次ぐ。是《こ》の故に百戦百勝は善の善なる者に非《あら》ざるなり。戦わずして人の兵を屈《くっ》するは、善の善なる者なり。（謀攻篇）

用兵の目的は「国」と「軍」を「全《まっと》うする」ことにある。せっかく勝利しても、敵の国と軍事力を徹底的に破壊してしまっては、戦後復旧に多大の時間と経費を要してしまう。勝利の意味は半減する。だから、直接的な軍事力の行使はできるだけ避け、政略・戦略の段階で「戦わずして」勝ちを得よというのである。激闘の末、敵国を撃破するような勝利は次善の策なのである。

「百戦百勝」が最善ではないとされるのも、連戦が勝敗のいかんにかかわらず国力の消耗を招くからである。十万の兵力を動員し、千里の彼方に遠征すれば、民間の経費や官費も「日に千金を費やす」（作戦篇、用間篇）ことになる。勝利を求めた結果、国家の経済破綻を招いたのでは本末転倒。政略・戦略の段階で勝利する、つまり実際の戦闘行動を展開する前に決着をつけるのが最上の策なのである。『孫子』はそれを「謀攻」と定義した。

だから、最上の軍隊のあり方というのは、敵の謀略を見抜いてそれを未然に打ち破ることであり、その次は、敵国と同盟国との外交関係を分断することであり、その次は、敵の野戦軍を撃破することであり、もっとも下手なのは、敵の城を攻撃することである。

故に上兵《じょうへい》は謀《ぼう》を伐《う》ち、其の次は交《こう》を伐ち、其の次は兵を伐ち、其の下《げ》は城《しろ》を攻む。（謀攻篇）

孫子は、多くの兵力を投入し、長期消耗戦となるような戦い、すなわち城攻めを「下」策とする。攻城戦は、攻撃側に不利となる。城を枕《まくら》に討ち死にの覚悟を決めた敵は、通常の百倍の気力で応戦するが、攻める側の士気は半減してしまう。城攻めには、攻略するための長い時間と多大の兵力損失をともなうからである。

『孫子』は、この謀攻篇の後節で、「用兵の法は、十ならば則《すなわ》ち之《これ》を囲《かこ》む」といっている。つまり、敵城の包囲には十倍の兵力が必要だというのである。また、包囲された必死の敵軍を追いつめてはならないとも説いている。「窮鼠猫《きゅうそねこ》を噛む」のことわざがあるように、自軍にも多大の損失が生ずるからである。『孫子』はそこで、「敗北して帰還しようとする敵軍をとどめてはならない。包囲した敵軍には一箇所退路をあけておけ（帰師《きし》には遏《とど》むる勿《な》かれ、囲《い》師《し》には必ず闕《ひら》け）」（軍争篇）という。

形篇と勢篇

形篇は、必勝をもたらすための軍の形勢について説く篇である。攻撃と守備との関係、さらには軍事における計量的思考の大切さについても指摘する。

古の戦《いくさ》上手の者は、まず、敵が攻撃してきても決して勝つことができないような態勢を整え、敵が陣容を崩し、自軍が必ず勝てるという形勢がおとずれるのを待った。だから、しっかりした守備の態勢を作り上げるのはこちらに関わることであり、必ず勝つことができるような形勢がおとずれるかどうかは敵に関わることである。

孫子曰く、昔《むかし》の善《よ》く戦う者は、先《ま》ず勝つべからざるを為《な》して、以て敵の勝つべきを待つ。勝つべからざるは己《おのれ》に在《あ》り、勝つべきは敵に在り。（形篇）

防衛態勢の整備が優先されている。大切なのは、まず防備であり、攻撃はその後。防御は、こちらの努力によって可能となる。だが、攻撃は、敵の形勢次第。こちらが撃って出るのは、敵に隙《すき》が生じたときだけである。だから、まず守備を整えるのである。『孫子』の兵法とは、いわば「負けない」兵法なのである。

しかし、守備だけに専念すればよいというわけではない。そもそも戦闘は、攻撃と守備という二つの形態に大別される。攻撃と守備には、異なる軍隊運用が必要となる。攻撃向きの将軍もいれば、守備を得意とする部隊もいる。しかし、この両者はまったく別ものなのではない。攻撃は最大の防御ともなり、敵の攻撃を我慢強くくい止めるところに反転攻勢の機会が生まれてくる。攻撃と守備、実はこの二つは密接な関係にあり、攻守の反転は一瞬の出来事となる。

勝者が民を動員して戦わせるさまは、まるで満々と湛《たた》えた水を千尋《せんじん》の谷底にきって落とすようなものであり、これこそが軍隊の理想的な形勢である。

勝者の民を戦わしむるや、積水《せきすい》を千仞《せんじん》の谿《たに》に決するが若《ごと》き者は、形《かたち》なり。(形篇)

ここで『孫子』が想定しているのは、貴族戦士の戦いではない。平常は農耕に従事しているような平凡な民を動員する戦いである。彼らは、戦闘の技術も劣り、勝利への意欲も薄い。そうした彼らをいかに戦わせるか。『孫子』はそれについて、集団としての形勢の重視を説く。「形」が決まらなければ戦いは始まらない。

こうして「形」を整えた軍隊に、いかにエネルギーを注入するか、それを説くのが、次の勢篇である。

勢篇は、軍事集団としての「勢」（エネルギー）について説く篇である。個人の武勇や奮闘ではなく、組織としての圧倒的な力が勝利をもたらすと述べている。


巧みに戦うものは、集合体としての軍隊の勢によって勝つのであり、特定の人物の力量に頼って勝つのではない。

故に善《よ》く戦う者は、之《これ》を勢《せい》に求めて人に責《もと》めず。（勢篇）

かつては、中国でも日本でも、勇士が名乗りをあげてから戦闘を開始し、その勇士の突出した働きが勝敗を決した時代もあった。しかし、ここで『孫子』が説くのは、あくまで集団としての力、すなわち「勢」である。「勢」は、個々の士卒の力量を単純に合算した以上の力。名乗りをあげる勇士も、この圧倒的な勢の前には、どうすることもできない。

『孫子』はこれに続けて、「円石《えんせき》を千仞《せんじん》の山に転ずるが如《ごと》き者は勢なり」と説いている。同じ質量の岩石でも、平面上に立方体の岩が置かれている場合と、今にも動き出しそうな丸い岩が高い崖《がけ》の上にきわどく載っているのとでは、どちらがエネルギーを持っているといえるか。もちろん後者である。将軍は、軍隊にこのような位置エネルギーを持たせるよう、士卒を巧みに誘導しなければならない。

虚実篇と軍争篇

軍形を整え、そこに勢（エネルギー）を注入したら、いよいよ軍隊の発動である。虚実篇は、軍隊の空虚と充実について説く篇である。敵の充実したところ（実）を避け、手薄なところ（虚）を撃てと主張する。また、こちらの虚を晒《さら》さないように、姿なき軍隊（無形）、声なき軍隊（無声）であることの重要性を強調している。

軍隊が外形を現す極致は無形になることである。実形がなければ深く入り込んだ間者《かんじゃ》（スパイ）も実情をうかがうことはできず、知謀ある者も策謀をめぐらすことができない。

故に兵を形《あらわ》すの極《きょく》は無形《むけい》に至《いた》る。無形なれば則ち深間《しんかん》も窺《うかが》う能《あた》わず、智者《ちしゃ》も謀《はか》る能わず。

（虚実篇）

両軍が、平原に戦車を並べて布陣し、開戦の号令とともに戦闘に突入する。これは、中国でも一時代前の中原《ちゅうげん》における戦闘の方法であった。

ただ、『孫子』が前提とする戦争とは、そうした堂々の会戦ではない。軍隊の実情をふせておき、機動力を生かして、敵の虚を撃つという戦いである。それゆえ、軍隊がその形を敵に晒すのは下策とされる。実情が知られてしまえば、敵の軍師は対応策を講じ、さまざまな策略をめぐらしてくる。そうならないためには、「無形」の軍隊であることが望ましい。たとえば、次の節に見えるような「水」を理想とした柔軟な変化が、軍の「無形」を保持するのである。

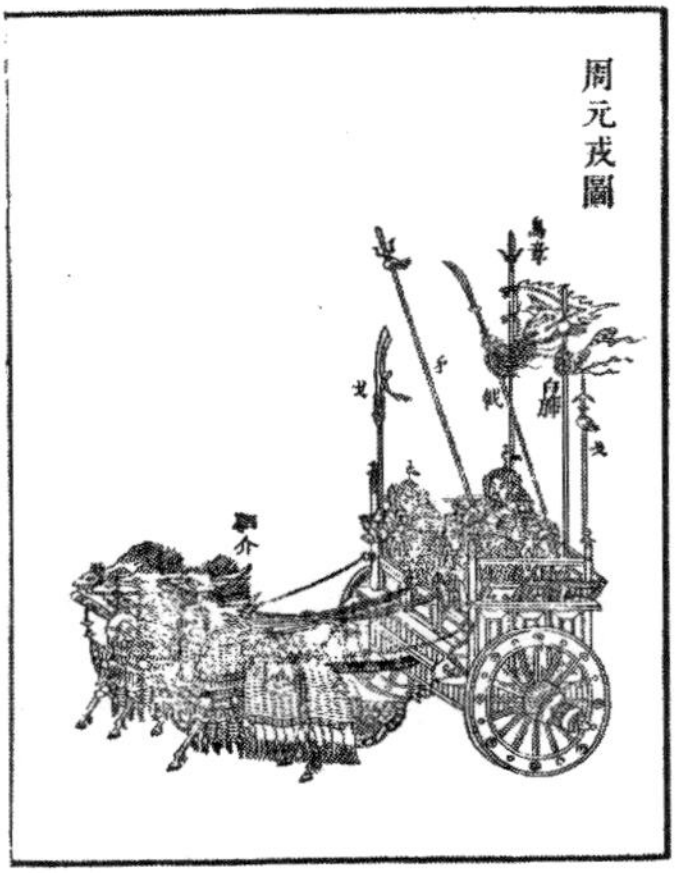

戦車図

そもそも軍隊の形は水の姿を理想とする。水の流れというものは、高い所を避けて低い所へと向かっていく。軍隊も、敵の

「実」（充実した陣）を避け、「虚」（手薄な陣）を撃つべきである。水は地形に即して流れを決め、軍隊は敵の実情に応じて勝ちを制するのである。だから軍隊には不動の形勢というものはなく、水にも常なる形はない。すべては敵の変化に自在に対応して勝利を収めるのである。こうした巧みな変化は凡人の目には「神」わざとして映ることとなる。

夫《そ》れ兵の形《かたち》は水に象《かたど》る。水の行くは、高きを避《さ》けて下《した》に趨《おもむ》く。兵の形は、実《じつ》を避けて虚《きょ》を撃《う》つ。水は地に因《よ》りて流れを制し、兵は敵に因りて勝ちを制す。故に兵に常勢《じょうせい》無く、水に常形《じょうけい》無し。能《よ》く敵に因りて変化して勝ちを取る者、之《これ》を神《しん》と謂《い》う。（虚実篇）

軍隊の柔軟な変化を、『孫子』は「水」にたとえる。水は、丘を避け岩を避け、無理をせず、地形の変化に沿いながら流れていく。水のように巧妙に変化する軍隊は、姿なき兵として敵に恐れられることになる。

こうした敵味方の虚実は、開戦前の情報分析で、ある程度は可能となる。その上で、戦場にいち早く到着し、敵の機先を制する。この争いが「軍争《ぐんそう》」である。

次の軍争篇は、機先を制して有利な態勢をとるための争いについて説く篇である。この争いを制するための柔軟な変化が重視されている。

およそ軍隊を運用する原則は、将軍が君主から命令を受け、軍隊を集合させ、士卒を徴集し、両軍が戦場で対陣し宿営するまでの間に、「軍争」（両軍が機先を制するために争うこと）より難しいことはない。軍争が難しいのは、回り道を直線道に変え、憂いを利益に転ずるような芸当をしなければならないからである。だから、進撃ルートをわざと遠回りにしているかのように敵に見せかけ、利益で敵を誘い出し、敵より遅く出発したにもかかわらず、敵よりも早く戦場に到着する。これが「迂直《うちょく》の計《けい》」（遠回りの道を近道に変えるような計略）を知るということである。

孫子曰く、凡《およ》そ用兵の法は、将《しょう》、命《めい》を君《きみ》より受け、軍を合し衆を聚《あつ》め、和《か》を交《まじ》えて舎《とど》まるに、軍争《ぐんそう》より難《かた》きは莫《な》し。軍争の難きは、迂《う》を以て直《ちょく》と為《な》し、患《かん》を以て利と為す。故に其の途《みち》を迂にして、之を誘《さそ》うに利を以てし、人に後《おく》れて発し、人に先んじて至る。此れ迂直《うちょく》の計《けい》を知る者なり。（軍争篇）

このように、軍隊の運動は柔軟でなければならない。かの「風林火山」の言葉も、そうした軍隊の姿を説いている。

戦争は、奇計によって敵を欺《あざむ》くことを根本とし、利に合致するかどうかを判断基準として行動し、分散と集合の配合によって巧みに変化していくものである。そこで、風のように迅速に行動し、林のように声を潜《ひそ》めて姿を隠し、燃えさかる火のように侵略し、山のようにどっしりと動かず、陰《かげ》のように実態をわかりにくくし、雷の震《ふる》うように激動して、村里から掠奪《りゃくだつ》するときには兵卒を分散して効率よく収奪し、土地を奪って拡大するときには利益となる要衝《ようしょう》の地に兵を分けて駐屯させ、「権《けん》」（臨機応変）の対応によって行動する。

故に兵は詐《さ》を以て立ち、利を以て動き、分合《ぶんごう》を以て変と為《な》す者なり。故に其《そ》の疾《はや》きこと風の如《ごと》く、其の徐《しずか》なること林《はやし》の如く、侵掠《しんりゃく》すること火《ひ》の如く、動かざること山《やま》の如く、知り難《がた》きことは陰《かげ》の如く、動くことは雷震《らいしん》の如くして、郷を掠《かす》むるに衆《しゅう》を分《わ》かち、地を廓《ひろ》むるに利を分かち、権《けん》を懸《か》けて動く。（軍争篇）

『孫子』はこのように、戦争の基本的性格が「詐」（いつわり）であり、「利」（利益）が行軍の基準であることを重ねて説く。また、軍隊の運用を「分」と「合」にあるとする。「分」

は部隊を複数に分けて展開させ、それぞれ別ルートを進行させせること。敵を挟み撃ちする場合などに有効である。「合」は兵力を分散させず一点に集中させること。敵の主力を一気に突きくずす場合などに有効である。

ただ、さらに重要なのは、これらを巧みに組み合わせて、戦況に応じた柔軟な変化をしていくことである。だから、これを体得した軍隊の動きは俊敏となり、ダイナミックにその姿を変えていく。これらは、本篇の主題である「軍争」の要点にほかならない。

九変篇と行軍篇

軍争を制すると、いよいよ戦闘の局面に突入する。九変篇は、その局面に応じた柔軟な変化の重要性について説く。一つの現象に対して、常に総合的な判断を下すこと、そして、柔軟な態度をとることを強調している。

通ってはならない道もある。攻撃してはならない敵もある。城攻めを仕掛けてはならない城邑《じょうゆう》もある。利を争ってはならない土地もある。受けてはならない主君の命令もある。

塗《みち》に由《よ》らざる所有り、軍に撃《う》たざる所有り、城《しろ》に攻めざる所有り、地に争わざる所有り、

君命《くんめい》に受けざる所有り。（九変篇）

「道」「軍」「城」「地」「君命」について、硬直した対応をとってはならないと説く。「道」の中でも、狭く険しい道は、敵の待ち伏せ攻撃があるかもしれない。敵「軍」の中でも、鋭い気力に満ちた軍や、死にものぐるいとなっている軍などには、手痛い反撃を受けるかもしれない。「城」の中でも、堅固《けんご》で兵糧《ひょうろう》の充実した城は、長期の籠城戦《ろうじょうせん》となり、こちらがかえって戦力を消耗してしまう。「地」の中でも、大局にとって影響のない、またはこちらに利益をもたらさない土地は、かえってお荷物になるだけである。「君命」は絶対だとはいっても、時には現場の責任者（将軍）の判断が適切であって、主君の命令が逆に軍隊の不利益となることもある。

ここで『孫子』がいうのは、柔軟な判断と行動である。篇名の「九変」とは、九つの変化。「九」とは単に九つという意味ではなく、極まりのないという意味。固定観念にとらわれず、そのつど臨機応変の措置がとれるかどうか。柔らかい思考力が求められている。

これに続く行軍篇は、軍隊を行動させる際の留意点について説く。地形に配慮し、敵情を察知することの重要性が強調されている。

多数の樹木がゆらめき動くのは、敵軍がひそかにその中を進撃しているのである。障害物のように草が伏せてあるのは、何らかの仕掛けがあるのではないかと疑わせ、自軍の進撃を遅らせようとしているのである。鳥がにわかに飛び立つのは、敵の伏兵がいるからである。獣が驚いて走り去るのは、敵軍の奇襲攻撃である。砂煙《すなけむり》が高く鋭くあがるのは、戦車部隊が疾走してくるからである。低く広く砂煙がたちこめるのは、歩兵部隊が迫っているからである。あちこちに砂埃《すなぼこり》が細く立ちのぼるのは、燃料となる薪《たきぎ》を採集しているのである。砂埃の量が少なく左右に往来しているのは、敵が軍営を張ろうとしているのである。

衆樹《しゅうじゅ》の動く者は来《き》たるなり。衆草《しゅうそう》の障《おおい》多き者は疑うなり。鳥の起《た》つ者は伏《ふく》なり。獣《けもの》の駭《おどろ》く者は覆《ふう》なり。塵《ちり》高くして鋭《するど》き者は、車《くるま》の来たるなり。卑《ひく》くして広き者は徒《と》の来たるなり。散《さん》じて条達《じょうたつ》する者は樵採《しょうさい》なり。少なくして往来する者は軍を営《いとな》むなり。(行軍篇)

戦場でもたらされる敵の情報について述べている。情報は、あらかじめ開戦の前に収集し分析しておかなければならない。しかし、作戦行動を起こした後に得られる情報も重要である。そこで常に斥候《せっこう》を派遣し、自軍の周囲と進撃予定路付近について入念な索敵《さくてき》を行う必要がある。そうして得られたわずかな情報をもとに、いかに迅速かつ的確に行動するかが軍の死生を分かつのである。かすかな情報の中に重大なヒントが隠されているといえる。

地形篇と九地篇

こうした行軍の際にもっとも留意しなければならないのは地形。計篇の「五事」の三番目として重視されていた「地」を取り上げて論ずるのが、地形篇である。

そもそも地形というものは、戦争のための有力な助けとなる。敵の実情を分析して勝算を立て、土地の険易《けんい》・遠近を計測するのは、有能な将軍のあり方である。このことを充分に考えた上で戦闘を起こす者は勝ち、このことを充分に考えずに戦闘を起こす者は敗れる。

夫《そ》れ地形なる者は、兵の助《じょ》なり。敵を料《はか》りて勝を制し、険易《けんい》・遠近《えんきん》を計《はか》るは、上将《じょうしょう》の道なり。此《これ》を知りて戦いを用《おこな》う者は必ず勝ち、此を知らずして戦いを用《おこな》う者は必ず敗《やぶ》る。

（地形篇）

戦場の地形は、勝敗に大きな影響を与える。その土地が険しいのか平坦なのか、自軍との距離はどのくらいあるのか。有能な将軍は必ずこうした情報を把握する。地の利を得られるかどうかが勝敗を左右するのである。地形情報を無視した軍隊は、必ず敗れ去る。

この地形篇に続き、戦闘を行う九つの地勢について説くのが、九地篇である。地形篇が、行軍の際に注意しなければならない地形について広く説いていたのに対して、九地篇は、敵との戦闘が行われる地点の形勢について具体的に論じている。

軍隊運用の法則としては、散地があり、軽地があり、争地があり、交地があり、衢地《くち》があり、重地があり、圮地《ひち》があり、囲地があり、死地がある。

孫子曰く、用兵の法、散地《さんち》有り、軽地《けいち》有り、争地《そうち》有り、交地《こうち》有り、衢地《くち》有り、重地《じゅうち》有り、圮地《ひち》有り、囲地《いち》有り、死地《しち》有り。（九地篇）

九つの地勢、すなわち「九地」について説いている。

「散地」とは、自軍の兵卒が離散しやすい国内の地。兵卒は、軍を離脱しても、たやすく郷里に帰還できると考えて、必死の覚悟をしない。だから、こうした地で戦ってはならない。

「軽地」とは、国境を越えて敵の領地に少し踏み込んだところ。兵卒は、国境を越えたことで浮き足だつ。だから、こうした地にいつまでもぐずぐずと踏みとどまってはならない。

「争地」とは、奪えばただちに戦略拠点となるような有利な地、あるいは、穀倉地帯のような利益となる地。これをどちらが奪取するかによって有利・不利が逆転する。だから、こうした地には先に到達しなければならない。もし敵に奪われてしまったら、敵も必死で防衛する。安易に戦いを挑んではならない。

「交地」とは、往来に都合の良い地。こちらの進軍に便利な地であるが、敵も容易に来襲できるので、こちらの部隊が分断されてしまう恐れがある。だから、こうした地では、部隊は一団となって進み、とぎれないように注意する必要がある。

「衢地《くち》」とは、その先に諸侯の国々が続いているような四方八達の地。「衢」は、ちまたの意味。こうした地は、その利便性によって外交使節を送りやすく、天下の支援を得ることができる。つまり要衝の地。だから、こうした地では、その利を生かして諸侯と外交関係を結ぶよう努める。

「重地」とは、重要な地。敵の領内深くにあり、勝てば、敵の城邑を多数奪い取ることができるような地。ただ、こちらも、自国の領内を遠く離れ、食糧の支給に困難を来す。だから、こうした地では、糧道がたたれないうちに、食糧を略奪する必要がある。

「圮地《ひち》」とは、山林や険阻な地形、沼沢など、およそ行軍を困難とするような地。「圮」は、やぶるの意味。だから、こうした地は、とどまらずにさっさと通り過ぎることが肝要である。

「囲地」とは、進入するには狭く、引き返すには曲がりくねっているような地。敵は少数でも、こちらを囲い込んで攻撃することができる。だから、こうした地では、脱出をはかって奇策をめぐらす必要がある。

「死地」とは、必死で戦わなければ軍が全滅するというような危険な地。たとえば、目の前に高い山があるような地形（敵の勢に圧倒される）、後ろに大河が流れているような地形（いわゆる背水《はいすい》の陣《じん》）。だから、こうした地では、存亡をかけて激闘する必要がある。

　人は、他人がどのような状況にあるかについては比較的理解できる。人の姿はよく見えるからである。しかし、自分が今どのような状況に置かれているかについては、思いをめぐらすことができない。今、自分は「重地」にいるのか、「軽地」にいるのか、それとも「死地」にいるのか。そうした自覚が大切である。

火攻篇と用間篇

　以上、計篇から九地篇までの各篇は、おおよそ戦争の進行や軍隊の運動に沿って配置されていると考えられる。これに対して、火攻篇と用間篇は、いわば特別篇として末尾に配置されたものであろう。
火攻篇は火攻めという特殊戦法について説く篇である。銀雀山漢墓出土の竹簡本『孫子』では、この十二番目の火攻篇と十三番目の用間篇の順序が逆になっていた。つまり、竹簡本では、この火攻篇こそが『孫子』のしめくくりの篇とされているのである。

およそ火攻めには五種類の方法がある。一は火人《かじん》、すなわち布陣・駐屯している敵の兵団に火をかけること、二は火積《かし》、すなわち敵の食糧や柴積《さいし》（積んだたき木）に火をかけること、三は火輜《かし》、すなわち輸送中の兵器・財物に火をかけること、四は火庫《かこ》、すなわち倉庫に収蔵された兵器や財貨に火をかけること、五は火隧《かすい》、すなわち敵軍の通り道に火をかけること、である。火攻めを行うには、条件が必要であり、その条件は必ず事前に備わっていなければならない。火攻めはいつでもよいというわけではなく、火を発し起こすには適切な日時がある。その時とは、火の起こりやすい乾燥した時であり、その日とは、月が二十八宿《にじゅうはっしゅく》のうちの箕《き》、壁《へき》、翼《よく》、軫《しん》の分野にある期間を指す。なぜなら、この四つの分野に月が位置するときは、風が起こりやすいからである。

孫子曰く、凡《およ》そ火攻《かこう》に五有り。一に曰く火人《かじん》、二に曰く火積《かし》、三に曰く火輜《かし》、四に曰く火庫《かこ》、五に曰く火隧《かすい》。火を行《おこな》うには因《いん》有り、因は必ず素《もと》より具《そな》う。火を発するに時《とき》有り、火を起こすに日《ひ》有り。時とは、天の燥《そう》なり。日とは、月の箕《き》、壁《へき》、翼《よく》、軫《しん》に在るなり。凡そ此の四宿《ししゆく》の者は、風起《お》こるの日なり。（火攻篇）

火攻めという特殊技術について説く。火攻めとは、一見効率よく敵を打ち破る技術のように考えられるが、それには一定の自然条件が必要となる。乾燥と風である。

二十八宿とは、古代中国で、黄道《こうどう》に沿って天を二十八の分野に区分し、それぞれに一つの星座（星宿《せいしゆく》）を当てたもの。ここで、突然こうした古代の天文が登場するのは、何か神秘的な感じもする。しかし、『孫子』は決して迷信を説いているのではない。長年の経験から、月がこの四つの星宿に位置するときには、風が吹きやすいといっているのである。科学と迷信は紙一重。ただ、『孫子』が説くのは、経験に裏付けられた合理的戦術であった。

ちなみに、火攻めとして有名なのは、赤壁《せきへき》の戦い（二〇八年）における諸葛孔明《しょかつこうめい》の活躍であろう。『三国志演義』では、孔明は七星壇《しちせいだん》を築き、その祭壇で東南の風を呼び起こし、曹《そう》操《そう》の船団を火攻めにしたということになっている。まさに超人的な兵法家として描かれているのである。ただ、これも、孔明が、経験や情報によって東南の風が吹きやすい時節を事前に察知していたとすればどうであろうか。彼も、この『孫子』火攻篇の教えを実践しただけだといえるかもしれない。

最後の用間篇は、間諜の活用と情報戦について説くもので、情報収集を重視する『孫子』のしめくくりとして理解されてきた。ただ、銀雀山漢墓出土の竹簡本『孫子』では、十二番目の火攻篇と十三番目の用間篇の順序が逆になっていた点については、すでに触れた通りである。

聡明な君主、賢明な将軍は、ひとたび動けば敵に勝ち、抜群の成功を収める。それは、彼らが「先知《せんち》」しているからである。「先知」とは、鬼神のお告げとか、天界の事象とか、天のめぐりといったものではない。必ず人の知性によって得られる情報である。

故に明君賢将《めいくんけんしょう》、動きて人に勝ち、成功《せいこう》の衆《しゅう》に出《い》ずる所以《ゆえん》の者は、先知《せんち》なり。先知なる者は、鬼神《きしん》に取るべからず、事《こと》に象《かたど》るべからず、度《ど》に験《けん》すべからず。必ず人知《じんち》に取る者なり。（用間篇）

『孫子』は、戦争が国家経済に深刻な打撃を与えると考えた。だからこそ、戦う前に敵情を充分に把握し、戦いの成否を的確に予知している必要があるという。

ただ、ここでいう予知とは、決して、神秘的な能力や怪しげな迷信を指しているのではない。人は、枕元にたった鬼神のお告げとか、流れ星や日食といった天界の事象などに、吉兆や凶兆を感じ、一喜一憂するかもしれない。しかし、『孫子』はそうした神秘と迷信をいっさい退ける。「先知」は、人間の知性によってのみ可能となる。具体的には、間諜による情報の収集活動と、それに基づく冷静な情報分析である。この合理性が、『孫子』を貫く最大の特色となっている。

三　孫子兵法の展開

『孫子』の兵法は、多くの読者を獲得し、その後も、中国第一の兵書の地位に君臨し続けた。『孫子』を大きく越えるような兵書は、ついに著されることがなかったのである。

ただ、時代の変化に応じて、『孫子』を継承し、展開させようとする努力は続けられた。『孫子』の末裔《まつえい》にあたる孫臏《そんぴん》が著した兵書は、その代表である。

これまで、孫臏については、わずかな伝記が残されているだけで、兵法の実態については、ほとんど謎に包まれていた。ところが、一九七二年に発見された銀雀山漢墓竹簡に、『孫臏兵法』が含まれていたことから、ようやく二千年の時を超えて、その謎が解明されたのであ

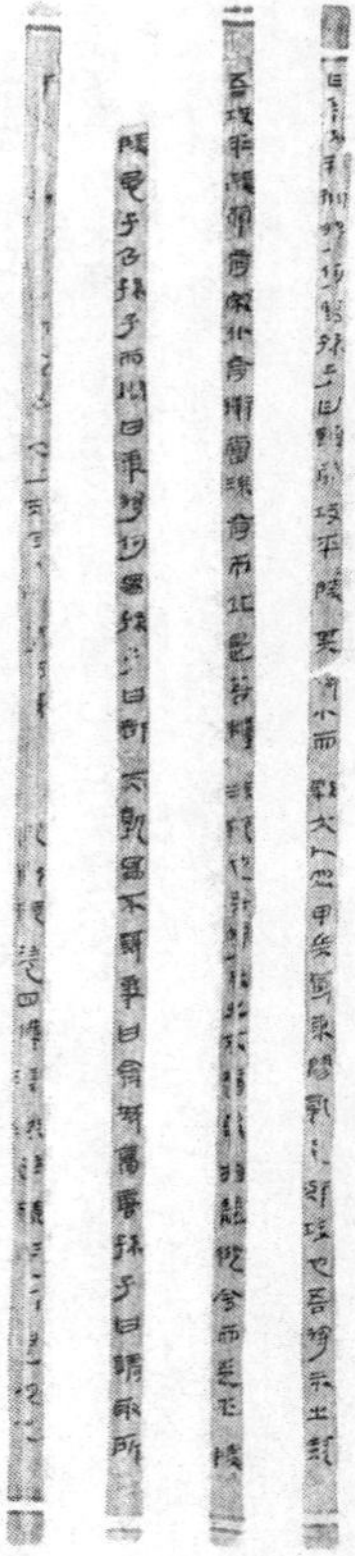

銀雀山漢墓竹簡
『孫臏兵法』

る。

孫臏は、「孫氏の道」（『孫臏兵法』陳忌《ちんき》問塁《もんるい》篇）を継承した。計謀と情報の重視、虚と実との見極め、奇策の運用、軍事における気と勢の思想など、孫子兵法の特質は、孫臏にもそのまま引き継がれていたのである。

ただ、春秋時代の孫武と戦国時代の孫臏との間には、百年以上の時間差があった。その間に、中国の戦争はいっそう大規模化していた。こうした状況は、孫臏に次のような新たな思索を促していた。

戦争の正当性

まず、戦争の正当性に対する思索。

古代中国の戦争形態は、春秋時代末の呉越戦争で大きな変革をとげ、その後、戦国時代も中期になると、さらに大きく変貌する。戦争の主要目的は、敵の戦略的拠点を奪い取るにとどまらず、露骨な領土の拡大や他国の併呑《へいどん》へと移っていった。また、強国間での「合縦《がっしょう》（合従）」「連衡《れんこう》（連横）」などによる複雑な情勢も現れた。

合縦とは、戦国時代の外交家蘇秦《そしん》が提唱したもので、韓《かん》・魏《ぎ》・趙《ちょう》・斉《せい》・楚《そ》・燕《えん》の六カ国が南北に連合して、西の強国である秦《しん》に対抗しようとした策。一方、連衡とは、外交家の張儀《ちょうぎ》によって提唱されたもので、韓・魏・趙・斉・楚・燕の六カ国がそれぞれ秦と東西方向に連携しようとする策。戦争は、もはや一国対一国という図式ではとらえられなくなっていたのである。

《孙膑兵法》，作者孙
膑。原著八十九篇，图四
卷，后失传。1972年山东
临沂银雀山汉墓出土一批
孙膑论兵的竹简，整理编
纂为《孙膑兵法》，共十
六篇。其内容总结了战国
中期以前的战争经验，发
了前人的军事思想和战
挥艺术。
孫臏像（斉国歴史博物館）

次に、主要兵科としては、歩兵と騎兵が完全に戦車に取って代わった。機動性を増した軍隊の進撃距離はのびて、戦争の地理的範囲が一気に拡大した。最大動員兵力数も数十万から百万へと増加。戦闘期間も長期化する。新たな戦術が創出され、殺傷力の高い新兵器も開発された。戦闘による戦力消耗も激しくなり、紀元前二六二年、秦と趙《ちょう》が戦った長平《ちょうへい》の戦いでは、趙側に四十万人もの戦死者が出たといわれている。

こうした情勢の変化を受けて、そもそも戦争の正当性そのものが問われることとなったのは当然であろう。なぜ戦争は肯定されるのか。戦争の意義は何かという問題である。そこで、『孫臏兵法』は、この正当性の問題を、人間の本性（闘争心）との関係から追究した。孫臏は次のように説明する。

そもそも、人間の喜びや怒りといった感情が闘争を生み出す。それは、自然の道理である。人間は、猛獣のような攻撃・防御機能を先天的に持たない。そうした人間のために、「聖人」が武器を創作してくれたのである。その武器を使って軍備をなすのは当然である。（『孫臏兵法』勢備篇）

『孫臏兵法』はこのように述べ、歴代の聖王が武器や舟や車を作ったという伝説は、皆このことをいっているのだという。こうした正当化の理屈は、『孫子』には見られない。『孫子』では、戦争は当然の前提となっていた。この点は、確かに、『孫臏兵法』の特色である。

兵士の選抜

次に、兵士選抜の思想。
『孫子』は、兵団を一群の衆としてとらえ、個々の兵士の突出した動きに期待したりはしなかった。「故《ゆえ》に善《よ》く戦う者は、之《これ》を勢《せい》に求めて人に責《もと》めず」（勢篇）という言葉がそれを象徴している。

ところが、『孫臏兵法』には、これとは異なる思考、つまり、有能な士卒を選抜して、特別部隊を編成するという考え方がうかがえる。

『孫臏兵法』には、「賛師《さんし》（わざと隊列を乱して敵を油断させる）」、「譲威《じょうい》（部隊の最後尾を隠して撤退を容易にする）」、「錐行《すいこう》（錐《きり》のような鋭い布陣）」、「雁行《がんこう》（雁《かり》の列のように展開した布陣）」、「選卒力士《せんそつりきし》（選抜された有力兵士の部隊）」などといった、戦術に関する多くの用語が見える。さらに、陣法について論じた「陳忌問塁《ちんきもんるい》」篇・「八陣」篇・「十陣」篇、攻城戦のための城の地形上の特色を論じた「雄牝城《ゆうひんじょう》」篇などもある。

このことは、孫臏のすぐれた軍事的知識や分析能力を示すとともに、戦国中期における戦争形態が多様化したことをも示しているであろう。戦車に代わって歩兵・騎兵が主要兵科となったことから、軍隊の機動力は格段に向上し、新たな陣法・戦術が勝敗の帰趨《きすう》を握るようになったのである。

そこで、『孫臏兵法』は、この多様な陣法・戦術に対応できるように、士卒集団の性格を大きく二つに分けて考えている。一つは敵陣を突破して敵将を捕らえてくるような優秀な「篡卒力士《さんそつりきし》」であり、もう一つは一般の兵士で構成された「衆卒《しゅうそつ》」である。孫臏はこの二つを区別した上で、すぐれた君主や将軍は、数が多いだけの「衆卒」を頼りにしたりはしないというのである。

では、この「篡卒力士」を奮闘させる原動力は何であったろうか。それは、死の恐怖をも忘れさせてしまうほどの手厚い恩賞だったようである。恩賞は「篡卒力士」の決死の奮戦を保証するために重視された。『孫臏兵法』の「篡卒」は、多様化した戦争形態に対応するために編成された特別部隊だったのである。

このように、『孫臏兵法』は、いくつかの点において、『孫子』には見られない要素を加えている。だがそれは、孫子兵法が根本的に改変されたことを意味しない。あくまで、時代の要請による一部の付加といった次元の問題である。『孫臏兵法』においても、孫子兵法の基本的精神はそのまま継承されていた。

「戦わぬ兵法」「負けぬ兵法」という中国兵学の特質は、『孫子』以来、変わることなく、引き継がれていったのである。

【故事成語で読む諸子百家】呉越同舟《ごえつどうしゅう》

夫れ呉人《ごひと》と越人《えつひと》と相悪《あいにく》むや、其《そ》の舟《ふね》を同《おな》じくして済《わた》りて風に遇《あ》うに当たりては、其の相救《あいすく》うや左右の手の如《ごと》し。（『孫子』九地篇）

春秋時代の末期、呉と越は、長江の下流域で激闘を繰り広げた。その戦争は、従来の戦闘形態を一変するもので、人々に強い衝撃を与えた。そこからは、さまざまな故事成語が生み出された。

呉越同舟とは、呉人と越人のような敵同士でも、困難なときには助け合うという意味。今では、もっぱら、仲の悪い者同士が一緒にいるという意味で使われるが、本来の意味は異なる。

ちなみに、この直前には、成語「常山蛇勢《じょうざんだせい》」のもとになった一節も見られる。うまく軍隊を運用する者のありさまは、たとえば「率然《そつぜん》」のようなものだ。率然とは常山《じょうざん》にすむ蛇の名である。その首を撃とうとすると、ただちに尾がそりかえって助けに来る。その尾を撃とうとすると首がかみついてくる。体のまん中あたりを撃とうとすると首と尾の両方が襲ってくる。

> 善《よ》く兵を用いる者は、譬《たと》えば率然《そつぜん》の如《ごと》し。率然とは、常山《じょうざん》の蛇《へび》なり。其《そ》の首《くび》を撃《う》てば、則《すなわ》ち尾《お》至《いた》る。其の尾を撃てば、則ち首至る。其の中《なか》を撃てば、則ち首尾《しゅび》倶《とも》に至る。（『孫子』九地篇）

軍隊の俊敏な連携運動を説く一節であり、その具体例として、右の呉越同舟が続くのである。

なお、このほか、呉越戦争に関わる成語として、「臥薪嘗胆《がしんしょうたん》」もある。呉王夫差《ふさ》が、父の敵の越王句践《えつおうこうせん》に対する仇討《あだう》ちの志を忘れないように薪《たきぎ》の上に寝て身を苦しめたという故事。そして、夫差に敗れた句践が仇討ちの志を忘れないために胆《きも》を嘗《な》めて身を苦しめたという故事。この二つの故事に基づく成語である。つまり、「臥薪」と「嘗胆」とはもとは別の故事だったのが、のちに四字の熟語にまとめられ、成語となったのである。現在は、目的をはたすために努力し苦労するという意味で使われる。

「会稽《かいけい》の恥《はじ》」も呉越戦争にまつわる成語。敗戦の恥辱《ちじょく》を意味する。会稽とは山の名。現在の浙江省《せっこう》紹興《しょうこう》市の南にある山である。紀元前四九四年、ここで、越王句践は呉王夫差に敗れ、降伏した。生き恥を晒した句践にとって会稽山は忘れ難い屈辱の地である。

一方、敗戦の屈辱をはらすことを、「会稽の恥を雪《すす》ぐ」というように使う。越王句践が会稽の恥を雪いだのは、それから二十年の後、紀元前四七三年のことであった。

終章　諸子百家の旅

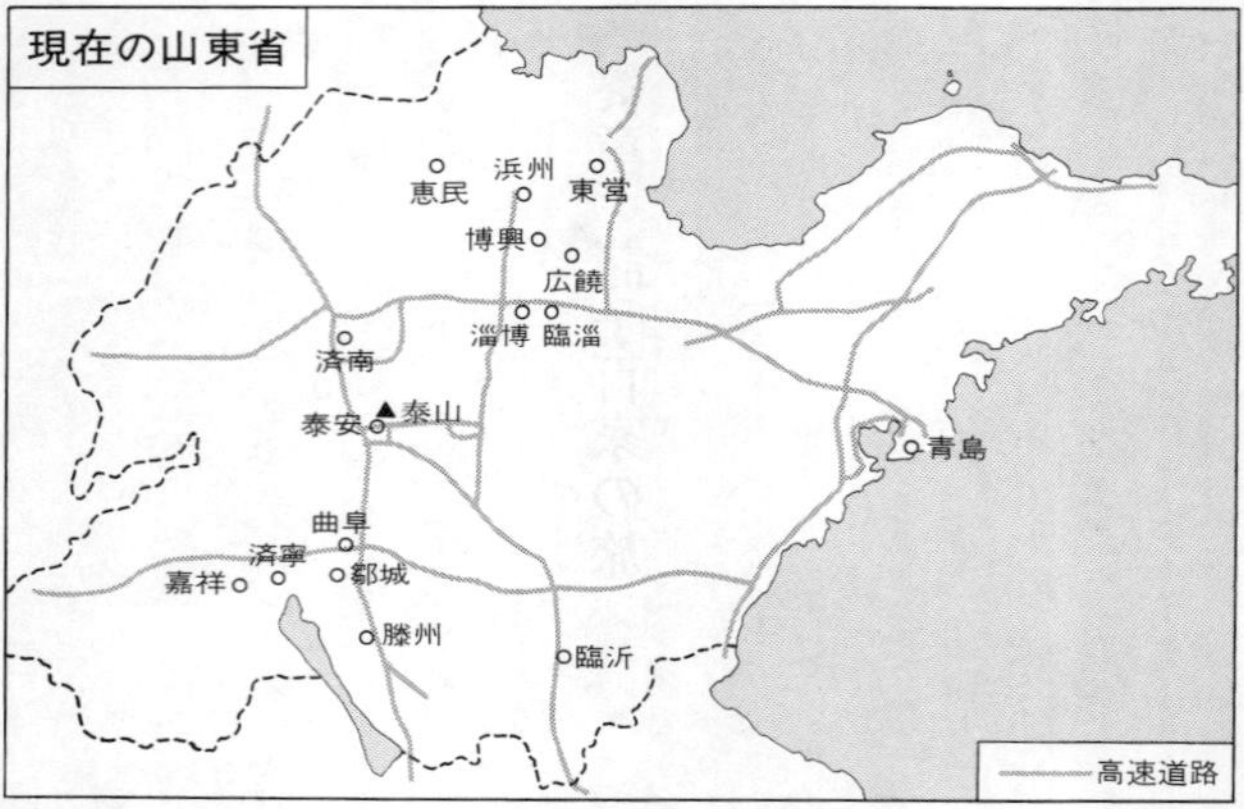

諸子百家活動の中心地である斉《せい》・魯《ろ》・宋《そう》などの国は、現在の山東省に位置する。この諸子百家の聖地ともいえる地域は、現在、どうなっているのか。二千年前の諸子百家の思想は、はたして現代にも息づいているのか。この最終章では、筆者の学術調査旅行を紹介しながら、読者とともに「諸子百家の旅」に出かけてみたい。

斉の都へ

日本から山東省に入る方法は、大きくは二つある。一つは、空路で省都の済南《ジーナン》に入る方法であり、もう一つは、やはり空路で、山東半島の付け根にある青《チン》島《タオ》に入る方法である。二〇〇八年九月二日、筆者は関西国際空港から全日空の直行便で青島に飛んだ。研究者仲間との一行七名による、中国古代文物の学術調査である。

青島空港では、閉幕したばかりの北京オリンピックの横断幕が、まだそのまま掲げられていた。九月六日から始まるパラリンピックの案内看板もあった。ちなみに、中国語では、オリンピックを「奥林匹克」と表記し、パラリンピックの略称を「残奥」という。

青島から、あらかじめ旅行社を通じて手配してあった専用マイクロバスに乗り、一路、西北の臨淄《りんし》を目指す。山東省は、中国でも、もっとも高速道路網が整備されている。鉄道もあるが、車での移動が効率的である。

車を走らせて三時間。かつての斉の都臨淄に入った。ここでいきなり、かつての斉の国に引き込まれる。臨淄古車《こしゃ》博物館と斉国歴史博物館である。

一九九〇年、済南－青島間の高速道路建設中、工事現場から春秋時代の殉車馬坑《じゅんしゃばこう》（車馬を殉葬した墓坑）が発見された。古車博物館は、その保護と展示を目的に建設されたもので、建築面積三千六百平方メートル。発掘された一号坑、二号坑、および中国歴代車陳列室からなる。発見された古車の実物とともに、中国歴代の乗用車・戦車の模型数十台が陳列されている。一号坑は南北三十メートル、幅五メートル。戦車十台、馬三十二頭が発見され、二号坑は全長八メートル、幅三メートルで、車三台、馬六頭が発見された。この古車群の発見は、一九九〇年度の中国十大考古発見の一つに数え上げられている。

斉国歴史博物館は、かての臨淄故城の北側に位置する。一九八五年の創建で、敷地面積一万三千平方メートル、建築面積二千六百平方メートル。建物は、斉国故城の城壁を模している。展示物は、斉国故城から発掘された出土文物が中心である。また、春秋戦国時代の斉の

発見された古車（臨淄古車博物館）

春秋戦国時代の斉の街並み（斉国歴史博物館）

都の街並みを縮小模型で示し、また、主な故事を等身大の人物模型で展示している。「稷下《しょっか》学宮《がくきゅう》」と題するコーナーでは、諸子百家全盛期の「稷下の学」（二二、一〇三頁参照）の様子が再現されていた。

この二つの博物館は、決して大きな規模ではない。国宝級の文物が陳列されているわけでもない。だが、近代的な青島の街に降り立った旅行者を、古代中国世界に引き入れる重要な役割をはたしている。

斉の景公と宰相晏嬰

この臨淄の西隣にある街が、現在の市庁舎がある淄博《しはく》市。初日の宿泊地である。ここにも、三つの見所がある。

一つは、東周墓殉馬坑《じゅんばこう》博物館。これは、春秋時代の斉国君主景公《けいこう》（在位前五四七〜前四九〇）の墓から出土した殉馬（殉葬された馬）を保護するため、一九八〇年、発掘現場に建設されたものである。

斉の景公は、在位五十八年。その間、景公に仕えた有名な宰相が晏嬰《あんえい》（晏子）である。景公は名馬の収集に努め、自身が亡くなる際、六百頭の馬を墓に陪葬させた。当時の戦車は、通常四頭立て。単純計算すれば、この六百頭だけで、百五十台の戦車を構成できる。斉の繁

晏嬰墓

栄と軍事力を髣髴とさせる遺跡である。

この景公に仕えた晏嬰については、本書の第一章・第二章でも触れたが、その衣冠墓《いかんぼ》が、この淄博にある。右の殉馬坑から車で十分ほどのところであるが、延々と続くトウモロコシ畑の中にそれはある。山羊《やぎ》の糞を避けながら、夕暮れ迫る狭い農道を歩いていくと、突如、畑の中に、見事な白い墓石が見えてきた。碑文の彫りが浅く、文字の判読には苦労するが、確かに晏嬰の墓である。墓標には、「斉相晏平仲《あんぺいちゅう》之墓」とある（平は諡《おくりな》、仲は字《あざな》）。衣冠墓というのは、晏子の生前の衣服・冠を埋葬した墓という意味。墓石の後ろの墳丘に昇ると、一面の田園風景が見渡せた。

この日、最後に遠望したのは、斉の四王墓である。戦国時代の斉の繁栄を築いた威《い》王・宣《せん》王・湣《びん》王・襄《じょう》王の墳墓が、四つの小高い丘として見える。内部はすでに盗掘にあっているが、左から右へ、整然と並んだ四つの墓は、かつての斉の威勢を連想させるに充分である。特に、「稷下の学」の時代を築いた威王・宣王を身近に感ずることができた。

孫子の里

二日目は、小型のワゴン車に乗り換えた。これから孫子の里へと向かうのであるが、道が悪く、マイクロバスでは通行できない箇所があるからである。

孫子の故郷を目指して北上する前、淄博でもう一つの施設を見学した。管仲博物館《かんちゅう》である。春秋時代の斉の宰相管仲（管子）の墓が、臨淄の中心部から一キロメートルほど東の牛山《ぎゅうざん》の麓にある。

「管鮑《かんぽう》の交わり」という成語がある。管仲と鮑叔《ほうしゅく》が少年時代から深い友情によって結ばれ、生涯かわらぬ交際を続けたという故事に基づく。入り口に、大きな管仲墓。その背後に、博物館が建っている。館内は、この「管鮑の交わり」をはじめとする管仲の故事を模型などによって展示している。建物は左右対称となっていて、「文治」と「武事」、「刑威」と「文徳」などの名がつけられている。すなわち、管仲が、文武両道にすぐれ、この二つを政道の両輪として斉を覇者に押し上げたことを顕彰しているのである。

管仲博物館の見学を終え、いよいよ孫子の里に向かう。現地ガイドの名は孫さん。自称「孫子の子孫」である。

実は、孫子（孫武）の出生地については、よくわかっていない。『史記』には、ただ「斉《せい》人《ひと》」とあるのみ。そこで、唐・宋の頃から、孫子の里について論争が起こったらしい。唐宋時代といえば、異民族の侵入もあって、中国の軍事態勢と兵学が根本的な見直しを迫られた時期である。唐代には、『李衛公問対《りえいこうもんたい》』という兵書が編纂された。次の宋代では、『孫子』から『李衛公問対』までの七つの兵書が「武経七書《ぶけいしちしょ》」として顕彰され、科挙の必修テキストに指定された。そういう時代である。すでに孫武の死から千年以上たっているわけで、もはや真相は謎に包まれているというほかはない。

そこで現在、わが地こそは孫子の里だと名乗りをあげているのは、次の三つの町である。東営《とうえい》市の広饒《こうじょう》、その西に位置する浜州《ひんしゅう》市の博興《はくこう》と恵民《けいみん》。いずれも、淄博の北方に位置する。このうち、もっとも顕彰に力を入れているのは、広饒と恵民。そこで、この二つをめぐってみよう。

まず、東営市の広饒。淄博から北へ車で一時間ほどの地である。ここには、見事な孫武祠《し》が建っていた。入り口に巨大な孫武像。われこそは孫子の里だと主張しているかのごとくである。ここが孫子の故郷とされる理由は、『貞観氏族志《じょうがんしぞくし》』という本に、孫武の家系が斉国安《あん》楽《らく》県と記載されていることによるという。しかし、この本自体が、孫武の死から千年も後に書かれたものであるため、その真相は不明である。

孫子のテーマパーク

次に向かったのは、浜州市の恵民である。途中、雄大な黄河を渡った。恵民には、孫武に関する二つの施設がある。一つは孫子故園《こえん》。孫武を顕彰するために建設されたもので、園内は、孫子書院、書院室内展覧、孫武像、北門広場、楽安湖などからなる。孫子書院には、元首相李鵬《りほう》の書による「知彼知己、百戦不殆（彼を知り己《おのれ》を知れば、百戦して殆《あや》うからず）」（『孫子』謀攻篇）の石碑がある。敷地面積は、四万平方メートル。ただし、メリーゴーラウンドなど広場の遊具類は動いていなかった。創建当時は、ちょっとしたテーマパークとしてにぎわったのであろう。

孫武像（恵民孫子故園）

テーマパークといえば、同じく恵民にある孫子兵法城である。二〇〇二年にオープンした、想像を絶する巨大なテーマパークで、総面積は十七ヘクタール。『孫子』十三篇の各篇ごとに一つずつ大きな建物が十三建っている。数千人の団体が押しかけてもびくともしないような広大な敷地と建物。

ここで興味深く思われたのは、『孫子』計篇、作戦篇、謀攻篇と、篇ごとに分かれた中心的な建物の両脇に、これまた大きな『三十六計』の部屋がそれぞれ併設されていたことである。

『三十六計』とは、南朝宋の時代の将軍檀道済《たんどうさい》（?～四三六）が三十六の計略を使い、特に、逃げるのを得意にしたという故事に基づいて、明末清初（十七世紀半ば）の頃に編纂された兵法書である。「遠交近攻」「美人の計」「三十六計逃げるにしかず」などの言葉で知られる。ただ、著者は不明。『孫子』のような由緒ある兵書ではなかったため、しばらく顧みられることもなく、いわゆる俗書として民間に伝わっていた程度である。

だから、日本では、中国兵学の聖典たる『孫子』と、明末の俗書『三十六計』とは、通常、同じレベルで語られることはない。しかし、現代中国では、いずれも智謀の書として、ほぼ同格の扱いを受けているのである。中国の書店に立ち寄れば、確かに、『孫子』と『三十六計』とを合冊にした本が多数販売されている。いずれも、人生の智恵、ビジネスの必読書として位置づけられているのであろう。『孫子』も『三十六計』も、単なる兵書としてではなく、人生哲学・商業活動の指南書として、現代社会に受け入れられているのである。

旅の起点青島からこの浜州にかけて、多くの日本企業が進出しているという。もちろん中国語に堪能なビジネスマンが派遣される。ところが、彼らの多くは、現地で大いに苦戦する。初対面で相手企業の幹部と宴会になり、「老朋友《ラオポンヨウ》」（古くからの友人）と肩を抱かれ、すっかり心が通じ合ったと信じてしまう。だが、相手はしたたかで、そのあとの交渉・契約では、まるで子どものようにあしらわれてしまう。まごころだけを頼りに現地に乗り込んでいった彼らは、相手のてごわい戦略・智謀に翻弄《ほんろう》されてしまうのである。中国は儒教の国だという単純な思いこみが彼らの悲劇を招く。「文」「武」の巧みな使い分けこそが中国の伝統なのである。中国兵法を知らずして中国ビジネスはできないであろう。

二日目の宿泊地は、この浜州であった。

山東省博物館と銀雀山漢墓竹簡

再びマイクロバスに乗り換えて、三日目は、浜州から南下すること三時間弱。いよいよ、この旅の最大の目的地の一つ、済南市の山東省博物館に向かう。山東省博物館がなぜ最大の目的地なのかといえば、そこに、銀雀山漢墓竹簡の現物が保管されているからである。ただし、一般公開はしていない。

そこで、渡航の二ヶ月前、博物館の館長に手紙を書いた。訪問の目的を切々と述べ、竹簡の現物を拝見したいとお願いした。一ヶ月たって返事が来た。あいにく館長は当日出張のた

銀雀山漢墓竹簡の実見（山東省博物館、中央筆者）

め不在であるが、文物管理部主任の王之《おうし》厚《こう》研究員が対応するとのお返事であった。

博物館に到着すると、ただちに文物管理部に招き入れられた。緑色の布がかけられたテーブルの上に、おごそかに持ち込まれたのが、銀雀山漢墓竹簡である。平たい蓋《ふた》つきの箱に入っている。竹簡の本数は計二十本。一本ずつ試験管に入っている。薬液に包まれた竹簡をのぞくと、鮮明に墨跡が見える。「孫子曰」「斉威王」などの文字。『孫臏兵法』である。完簡は六本程度。あとは残簡である。

第七章で述べたように、一九七二年の銀雀山漢墓竹簡の発見は、一種の悲劇をともなっていた。古墓を発見した農民が、竹簡の束を竹籠《たけかご》の残骸と勘違いし、手荒くすくっては墓坑の下から上へと乱暴にリレーした。リレーの途中で、多くの竹簡はばらばらに折れた。ようやく地上にすくいあげられた竹簡は、大八車に乗せられ運ばれたが、その運搬の途中にも、竹簡はばらばらと砕け散っていったという。だから、残簡が多い。

『孫子』についていえば、地形篇はまったく確認されていない。

二十本の大半が残簡であるのを確認し、改めて、銀雀山漢墓竹簡発見の悲劇を知った。もし、この作業が考古学者の手によって慎重に行われていたら、『孫子』『孫臏兵法』とも、完全な姿で現代によみがえっていたはずである。

銀雀山漢墓竹簡は今、山東省博物館の専用倉庫に保管されている。試験管に入れられてすでに三十年がたつ。一九七〇年代の終わり頃、これらの竹簡を脱水処理すべきかどうか検討されたことがあるという。実際に、北京の研究者と協力して、一部の竹簡の脱水処理を行ったが、文字がかすれてしまったため、その後は、薬液を満たした試験管に入れ、非公開を原則にしているという。限りなく死蔵に近い秘蔵である。王之厚氏との対談でも、銀雀山漢墓竹簡の研究が進んでいるようには見受けられなかった。竹簡の復元作業も、全容の公開も、次の世代の研究者に委ねられているのであろう。

なお、山東省博物館は一九五四年に竣工し、一九五六年から一般公開が始まった。収蔵文物十四万余点。八つの展示室からなり、青銅器、甲骨文、画像石、書画などに名品が多い。

岱廟と泰山

次に車は、泰安《たいあん》市へと向かった。済南から南へ車で一時間半の道のりである。山東省博物館の見学と竹簡の実見の疲れが出たのか、移動の車中は、ひとときの睡眠タイムとなった。車の震動でふと目を覚ますと、車の窓いっぱいに巨大な山塊が迫っていた。泰《たい》山《ざん》である。

岱廟天貺殿

泰山は、中国五岳の筆頭にあげられる名山で、標高は一五四五メートル。その南の麓にあるのが岱廟《たいびょう》。泰山の神「東岳《とうがく》泰山神」を祀《まつ》る。中国歴代の皇帝が封禅《ほうぜん》の儀《ぎ》（即位の際、天地を祀る儀式）を行った場所で、その中心的建築物である天貺殿《てんきょうでん》は、北宋の大中祥符《たいちゅうしょうふ》二年（一〇〇九）の創建。北京故宮の太和殿《たいわでん》、曲阜《きょくふ》孔子廟の大成殿《たいせいでん》と並び、中国三大宮殿の一つに数えられている。

その内部には、三方にわたって長さ六十二メートルの巨大な壁画がある。泰山神の巡遊から帰殿までを、壮大な歴史絵巻のように描いたものである。建物の隙間から陽光が差し込んでいたが、鮮やかな彩色は、それほど退化していないように見受けられた。入場の際、ゴムつきの青いビニール袋を渡された。文物保護の観点から、靴を包むのである。

この天貺殿の周囲には、鐘楼、鼓楼、漢柏院《かんはくいん》（前漢の武帝が封禅の際に植えたとされる柏《かしわ》を記念する）など多くの歴史的建築物が配置されている。また、歴代碑刻展示として歴代名書家の石碑が陳列され、さらには、秦の泰山刻石《こくせき》残石もある。秦の始皇帝が天下統一後の巡幸の際に立てたとされる碑文の一部である。秦の宰相李斯《りし》の篆書《てんしょ》（小篆《しょうてん》）による十字ほどの断片であるが、現存する刻石としては中国最古のもの。もともとは二百二十二字からなっていたという。

この岱廟から、泰山への登頂は始まるのであるが、その両者の密接な関係を象徴するのが、銅亭《どうてい》である。岱廟内に設置された銅亭は、明の万暦《ばんれき》四十三年（一六一五）に泰山頂上に作られたもので、中国三大銅亭の一つ。明末に山から降ろされ、一九七二年、麓の岱廟に設置された。このような巨大な銅の建築物をどのようにして移設したのか。銅亭から泰山を仰ぎ見て、しばし感慨にふけった。

この日は、すでに夕刻。泰安市で一泊し、翌日の泰山登頂に備えた。

泰山の玉皇廟と孔子廟

泰山は、別名「東岳《とうがく》」。天子が即位する際、天地を祀る儀式を行う聖なる山である。岱廟から、七千段の階段を自分の足で昇るのが、正式な登頂である。だが、旅程がつまっていて、体力もないという我々のような旅行客には、バスとケーブルカーがある。

まず、天外村《てんがいそん》広場というバス乗り場に向かう。ここから、専用の登山バスで、天外村遊覧路に入る。この遊覧路は、ちょうど、箱根駅伝で有名な箱根の車道のようである。くねくねと山肌をめぐりながら昇っていく。中天門《ちゅうてんもん》に至る。標高九八七メートルの地点。

ここでケーブルカー「中天門索道《さくどう》」に乗り換える。日本製のケーブルカーで、六人乗りの大型のゴンドラに乗る。これで約五百メートルを昇っていく。我々と乗り合わせたのは、いかにも「おのぼりさん」といった感じの中年女性三人組。ほほを真っ赤にして、楽しそうにおしゃべりしている。手には、赤い紙に包まれたお供え物と中国独特の赤く長い線香。中国の人々にとって、泰山登頂は、かつての日本の「お伊勢参り」であろうか。一生に一度の大イベントなのである。庶民にとって、ケーブルカーの往復料金百四十元（約二千二百円）は決して安くはないであろう。

麓には靄《もや》がかかっていた泰山であるが、ケーブルカーも半ばをすぎると雲が切れた。青空を突き抜けるように泰山山頂が見えてくる。ケーブルカーに十分近くも乗り合わせていると、何となく気心が知れてくる。お互いにデジカメを交換して、写真を撮ったりしていると、やがてケーブルカーの終点南天門《なんてんもん》に到着した。

ここから後は、約三百段の階段を昇って山頂まで歩く。途中には、唐摩崖刻石《まがいこくせき》という巨大な石の壁。唐の玄宗皇帝が記した「紀泰山銘」である。唐の開元《かいげん》十四年（七二六）に刻まれたものであるという。碑の高さは十三メートル。幅は五・三メートル。彩色された文字がこちらにのしかかってくるようだ。微妙な段差の石段をさらに昇っていくと、やがて山頂。玉《ぎょっ》皇頂《こうちょう》という。天外村のバス乗り場を出てから、約二時間弱である。

泰山

　ここには、道教寺院の玉皇廟があり、怪しげな風体をした道士たちがたむろしている。快晴。はるか下方に雲が見える。思わず深呼吸した。下界の気温は三十度。山頂は十六度である。持参した登山用のウインドヤッケが役に立った。

　山頂の景色をしばし楽しんでから、下山にかかる。山頂から少し下ったところに、孔子廟がある。おそらく世界最高地にある孔子廟であろう。建物は小さいながら、孔子や弟子たちの像を備えた立派な廟である。泰山山頂における道教と儒教の融合。包容力のある中国の姿を見たような気がした。

中国に進出する日本企業のとまどいの一つは、この何とも言えぬ中国の包容力である。『論語』や『孟子』といった儒教の経典、李白《りはく》や杜甫《とほ》らの詩によって中国をイメージする人々は、現実とのギャップに困惑してしまう。古典に記された思想や詩は、一種の理想。その美しさに幻惑されてはならない。そうした美しき理想を生んだ背景には、むしろ悲惨な現実があったと想像してみることも必要である。ご利益があるのなら何でもよいのである。泰山山頂に孔子廟と道観があってなぜ悪い。儒教と道教。これをうまく使い分け、巧みに人生を操縦していく。それは人間の計り知れない大きさとなり、また、何でもありのとらえどころのなさともなる。

なお、泰山は、一九八七年、世界遺産に登録された。年間の観光客は四百万人にのぼる。

孔子の里

早起きして泰山登頂をはたし、この日の午後には、曲阜に向かった。泰安市を出ること一時間余り。曲阜の市街に入る。

高速道路を降りて、まず我々を迎えてくれたのは、「孔子列国行《れっこくこう》」の像。孔子が弟子たちを引き連れて諸国巡遊の旅に出る様子を巨大な銅像にしたものである。市のシンボルとして百万元（約千五百万円）をかけて製作されたという。馬車から身を乗り出すようにした孔子は、鋭い目ではるか前方を見つめている。これから待ち受ける苦難の旅を予感しているかのようだ。

次に目に飛び込んできたのは、「有朋自遠方来、不亦楽乎」（朋《とも》有り遠方より来たる、亦《ま》た楽

「孔子列国行」像

曲阜孔子廟大成殿

しからずや)。北京オリンピック開会式の冒頭でも使われた『論語』学而篇の言葉。この横断幕が街のあちこちに見える。いよいよ孔子の里に着いたのである。

曲阜の見所は、いうまでもなく「三孔《さんこう》」である。

まず孔子廟。紀元前四七八年、孔子が亡くなって一年後に、魯の哀公は、孔子の家を改築して廟とした。これが孔子廟の始まりである。漢代に入り、高祖劉邦は、孔子廟の大規模な修復を行い、以後、歴代皇帝も次々に寄進して、孔子廟は現在の偉容を整えるようになった。縦長の敷地は南北一キロメートルにもなる。もっとも手前の金声玉振門《きんせいぎょくしんもん》から順に門をくぐる。孔子が弟子たちを教育したという「杏壇《きょうだん》」などを経て、やがて孔子を祭る大成殿《たいせいでん》に至る。高さ二十四・八メートル。清の雍正帝《ようぜいてい》の手になる「大成殿」の扁額《へんがく》。青地に金色の文字である。

線香の煙がもうもうとたちこめている。多くの人がひしめくように祈りを捧げ、なかなか孔子像を拝めない。孔子は人生の神として、また学問の神として、厚い信仰を集めているのである。孔子像の両脇には、顔回、曾参《そうしん》、孟子、子思の像。これを「四配《しはい》」という。

大成殿の参拝をすませ、少し右の区画に入ると承聖門《しょうせいもん》。ここに「魯壁《ろへき》」がある。孔子旧宅壁中書が発見されたという壁である。秦始皇帝の焚書坑儒をくぐりぬけ、ここからは、古文(周代の文字)で記された儒教経典が発見されたと伝えられている(五頁参照)。

三孔の二番目は、孔府《こうふ》である。孔府は、歴代の孔子直系子孫が住んだ邸宅で、役所を兼ねている。貴族邸宅の様式を備え、西路の「客室」、東路の「孔子家廟」、中路の「役所」からなる。部屋の数は全部で四百六十三。ここで孔家の冠婚葬祭や宴会が挙行されたのである。

孔府の始まりは前漢時代にさかのぼる。孔子を尊崇した漢の劉邦が、孔子直系の子孫に領地と爵位を与え、邸宅に住まわせた。第九代の子孫孔騰《こうとう》を奉祀君《ほうしくん》に封じたのである。その後、歴代の王朝も直系子孫にさまざまな爵位を与えたが、その中でもっとも有名なのは、宋代以降の「衍聖公《えんせいこう》」という称号である。中華民国の時代まで八百年続いた。孔府が「天下第一家」と称されるゆえんである。

孔子墓（孔林）

三孔の三番目は孔林《こうりん》。曲阜魯国故城の北側に位置する。孔子一族の墓地で、二百ヘクタールもの広大な敷地に、孔家一族の墓が十六万基点在している。街の中の森林地帯といった趣である。孔林の入り口は、かつての魯国の北の城門にあたる。一周するだけで半日はかかりそうであるが、ここには十人乗りの電動カートがあり、参道を容易にめぐることができる。カートは軽快に走るが、それでも森は果てしなく続く。
ようやく終点の手前、孔子の墓にたどり着いた。そこだけ特別の一画となっている。カートを降りて参道を進むと、まず沂国述聖公《ぎこくじゅっせいこう》、すなわち孔子の孫の子思の墓。続いて泗水侯《しすいこう》、すなわち孔子の子の孔鯉《こうり》の墓。さらにその左奥に、いよいよ孔子の墓である。墓標には、「大成至聖文宣王墓」と刻まれている。近寄ってよく見ると、墓石には大小無数の亀裂が走っている。文化大革命の際、紅衛兵によって破壊され、のちに断片をつなぎ合わせて修復したためである。電動カートに乗って少し浮かれていた我々も、ここではさすがに神妙になった。

孔子墓の左手には、「子貢廬墓処《ろぼしょ》」という小さな建物がある。孔子が亡くなった後、弟子たちは三年の喪に服したのち解散したが、子貢だけは、墓の傍らに庵を作り、そこでさらに三年の喪を加えたとされる。二千五百年前の出来事が、この森の中では、つい昨日のことのようによみがえる。

孔子廟、孔府、孔林の三孔は、一九九四年、世界遺産に登録された。

曲阜には、この三孔以外にも、見所は多い。ちょうど修復中で見学できなかったが、孔子の弟子顔回の廟である「顔廟《がんびょう》」は孔府のすぐそばにある。

また、周公廟《しゅうこうびょう》も見逃せない。周の武王、成王を助けて創建時の周王朝に貢献した周公旦の廟である。元聖廟ともいう。曲阜の市街北方一キロメートル、漢代の宮殿の跡地にある。現在の廟は宋代に再興された建物に由来する。周公旦が北宋の大中祥符元年（一〇〇八）に文憲王に追封され、廟が再興されたのである。中には、周公像がある。孔子は、「吾れ復《ま》た夢に周公を見ず」と嘆いた（七一頁参照）。孔子あこがれの政治家だった。

この日の泊まりは、曲阜。ホテルの前の土産物屋に行くと、ずらりと印材が並んでいる。さっそく、四字句を三つ考えて、それぞれ方形印に彫ってもらった。「温故知新」「君子懐徳」「仁者楽山」である。まったくの偶然であるが、これらはすべて『論語』の言葉である。曲阜という土地が、おのずからそうさせたのだろう。篆刻《てんこく》の様子を見ているとなかなか手際がよいので名を聞くと、孔さん。もらった名刺には、「孔子後裔第七十二代篆刻師」という肩書きが記されていた。曲阜の人口は六十万余。そのうちの十万人が孔姓を名乗る。まさに孔子の里である。

科聖墨子

曲阜で一泊して、翌日は、滕州《とうしゅう》市に向かう。途中には、孟子の生まれ故郷で孟子廟のある鄒城《すうじょう》市や、武氏祠《ぶしし》漢画像石で有名な済寧《せいねい》市がある。曲阜から一路南へ。滕州市には、墨子博物館がある。墨家も、儒家と同じく、斉・魯の地を拠点として活動した。

墨子の伝記はほとんどわかっていないが、故郷は、邾《ちゅ》国とされている。邾は、宋・斉・魯などの附庸《ふよう》(属国)となっていた小国で、現在の滕州市に位置する。

博物館の門をくぐると、中庭に大きな墨子の白い胸像(一二九頁参照)。館内に入ると全身の銅像が置かれている。この銅像は、右手に杖をつき、着物をはだけ、厳しい顔つきをしている。曲阜で見た孔子像が、整然とした服装で、両手を胸の前で静かに交差させているのとは、対照的である。ぼろぼろな身なりで休む間もなく諸国をめぐった墨子。非攻と兼愛の理想を掲げて侵略戦争阻止に献身した墨家。その姿が投影されている。

館内は、綜合庁、科技庁、聖蹟庁、軍事庁からなる。綜合庁では、墨子の中心思想である兼愛・非攻などの解説、墨子の故郷についての解説などが、パネル・模型などによって効果的に行われている。聖蹟庁は、孔子の『聖蹟図』(五六頁参照)に模して作られた『墨子聖蹟図』が展示されている。軍事庁は、軍事家としての墨家を解説するコーナーで、宋城の復元模型や雲梯《うんてい》などの攻城兵器のレプリカが展示されている。

ただ、現代中国において、墨子がもっとも評価されているのは、どうやら科学技術の先駆者としての性格のようである。それを象徴するのが、科技庁の展示。墨家集団の守城技術から発達したと思われる、力学、数学、幾何学、光学など。これらが、現代の科学技術につながるような先駆的業績として高く評価されているのである。館内のパネルや図録でも、墨子は「偉大な思想家、教育家」であるとともに、「偉大な科学家、軍事家」であったと顕彰されている。

振り返れば、墨子は漢代以降、絶学となった。その後、千数百年の空白期を経て、突如、清末民国の頃に再評価される。それは、当時の中国が列強の圧迫によって近代科学の洗礼を受け、時の知識人たちが、強い自己反省を迫られたことによる。中国には、こうした科学の歴史はなかったのかと。そして過去を振り返ってみると、諸子百家の時代に、すでに近代科学の先駆とも呼べるような業績があったのである。それがほかならぬ墨家の技術であった。こうして墨家は、二千年の時を超えてよみがえった。

現在は、山東大学と滕州市とが協力して墨子研究センターを作り、中国墨子学会を立ち上

墨子像（墨子博物館）

げている。この博物館が建設されたのは、一九九三年。敷地面積は一万一千平方メートル。もとは、明代の竜泉寺という寺院の敷地である。購入したパンフレットには、この博物館が「青少年の科学技術、徳育、愛国主義教育」の拠点であると記されていた。そして図録の表紙には、大きな文字で「科聖墨子」とあった。

滕州市には適当なホテルがないので、再び北上して曲阜に帰り、同じホテルで連泊した。

銀雀山漢墓竹簡博物館

翌日は、この旅の第二の目的地である臨沂《りんぎ》市の銀雀山漢墓竹簡博物館に向かった。朝八時にホテルを出発したが、途中、農道を何度も迷いながら、沂南《ぎなん》の諸葛亮《しよかつりよう》故里記念館というところに立ち寄ったので、結局、臨沂市に着いたのは午後一時すぎであった。昼食の後、市内中心部に位置する銀雀山漢墓竹簡博物館に到着した。ここにも、あらかじめ手紙で訪問の旨を伝え、館長から了解を得ていたので、対応はきわめて丁重であった。

この博物館は、一九七二年の銀雀山漢墓の発見を受け、その顕彰のために一九八一年に着工、一九八九年にオープンした。敷地一万平方メートル。玄関には、元国家主席江沢民《こうたくみん》の書による「銀雀山漢墓竹簡博物館」の扁額がかかっている。

まず館員の案内により、館内をめぐりながら概要を聞いた。竹簡が発見された銀雀山は標高七六・六メートルの小高い丘。ここで発見された一号墓・二号墓はそのまま館内に展示されている。言い換えれば、発見された墓の上に博物館が建てられているのである。約六メートル上から墓室をのぞきこむ。ここから約五千枚の竹簡の束が発見されたのである。

銀雀山漢墓竹簡博物館

銀雀山第一号漢墓（銀雀山漢墓竹簡博物館）

そして、竹簡の展示。事情を知らぬ観光客は、「これは本物ですか」と質問して館員を困らせるそうである。先に記したように、銀雀山漢墓竹簡の本物はすべて山東省博物館に保管されており、この博物館で展示されているのは、すべてレプリカである。そのことを知っている私たちは、「本物」や「レプリカ」という言葉を禁句として参観した。ただ、レプリカとはいえ、『孫子』『孫臏兵法』『尉繚子《うつりょうし》』など、銀雀山漢墓竹簡が部屋いっぱいに陳列されているさまは壮観であった。

館内を一巡した後、別室に招かれ、宋開霞《そうかいか》館長、楊玲《ようれい》研究室主任と面談した。この博物館創設の目的は、発見された漢墓と竹簡の顕彰・普及、および来訪者の接待だそうである。竹簡の現物を持たないという弱みはどうしようもないが、二〇〇七年には、銀雀山漢墓発見三十五周年記念の国際シンポジウムを開催し、二〇一二年にも国際学会を開催する予定であるという。銀雀山漢墓竹簡研究の聖地を目指しているのであろう。

この博物館での最大の収穫は、竹簡のレプリカを購入できたことである。北京オリンピックの開会式で、中国の偉大な発明の一つとして、竹簡が取り上げられた。大勢の演者が竹簡を持って踊るというパフォーマンス。イベントであるから仕方がないが、その竹簡は、南京玉すだれを巨大にしたような形状で、とても竹簡と呼べるようなものではなかった。テレビの解説者が「あんな大きなものを持って歩くのは大変だったでしょうね」とコメントしたのには、絶句した。どうしても、木簡のイメージが強いのであろう。一般の人に、なかなか古代の竹簡の形状を説明するのは難しい。

だから、原寸通りに作られた竹簡レプリカは、大いに役に立つ。博物館では、三種類の竹簡が販売されていた。一つは、『孫子兵法』『孫臏兵法』の冒頭各二簡ずつを装訂《そうてい》したもの。もう一つは、『孫子兵法』冒頭部二本をそれぞれ試験管に入れたもの。山東省博物館での保存状態がわかるという仕掛けである。そしてもう一つは、『孫子兵法』計篇の全文を竹簡十二枚に模写し、ガラスケースに入れて装訂したもの。山東省博物館には、現物の展示はおろか、レプリカの陳列や販売さえもなかったが、さすがにここにはレプリカがあった。

なお、銀雀山漢墓竹簡が発見された当時、「臨沂県」の銀雀山と紹介されていたが、現在は、行政名称の変更により、「臨沂市」と呼ぶのが正しい。六日目の夜は、この臨沂市に泊まった。

息づく諸子百家

翌日は、七日目。帰路につく日である。ホテルを朝七時半に出発し、高速道路をひたすら青島に向けて走る。

車中で、ガイドの孫さんは、小学生の頃の体験談を話し始めた。その頃は、いわゆる文化大革命の最中で、授業カリキュラムは混乱し、毎日パレードにかり出されたという。多くの史跡が破壊され、知識人が捕らえられた。今は、文革の傷跡も癒え、いい時代だと言った。そのときだけ、孫さんの目が少し遠くを見つめていた。

「諸子百家」は、現代の日本人にとって、一種の郷愁であろうか。しかし、現代の中国人にとっては、やや趣が違う。ガイドの孫さんは孫子の子孫だと自称し、はんこ屋の孔さんは孔子第七十二代の末裔だという。孫子は三つの土地で町おこしに活用され、ビジネスの神としてあがめられている。孔子も偉大な人生の教師、学問の神様として信仰を集め、曲阜は孔子の里として観光地化している。その曲阜のホテルには、「儒商」と題した雑誌が置かれていた。曲阜では、今も儒家の精神を生かして商業活動を行っているという意味である。「己《おのれ》の欲せざる所、人に施《ほどこ》すこと勿《な》かれ」(『論語』顔淵篇)。曲阜では、そうした儒家の精神を基盤として商売を営んでいるのだという自負である。さらに墨子も、滕州の町で「科聖」としてよみがえっていた。

高速道路を走ること約四時間。ようやく青島に到着。これで、青島を起点として、山東省を反時計回りにほぼ一周したことになる。七日間での全走行距離は一八六八キロメートルであった。

青島空港から夕闇迫る関西国際空港に帰着した。中国旅行から帰国していつも思うのは、日本の街並みの美しさである。中国では、道路にゴミが散乱し、もうもうとほこりがたちこめている。車は絶えずクラクションを鳴らし、人は怒鳴り合っている。そんな中で人々は平然と商売し、平気で食事をしている。これに比べて、日本の街と道は、なんと美しく、なんと静かなことか。

だが、そのほこりと喧噪《けんそう》の中から、諸子百家の思想は生まれ、その後も二千年以上にわたって鍛えあげられてきた。それは、強靭《きょうじん》でしなやかな刃《やいば》である。現代にも息づく諸子百家の思想。そこから学ぶべきものは、あまりにも多い。

【参考文献】

序章

浅野裕一・湯浅邦弘共編著『諸子百家〈再発見〉』(岩波書店、二〇〇四年)

第一章

湯浅邦弘編『上博楚簡研究』(汲古書院、二〇〇七年)

第二章

金谷治『論語』(岩波文庫、一九六三年)

加地伸行『儒教とは何か』(中公新書、一九九〇年)

加地伸行『孔子画伝』(集英社、一九九一年)

加地伸行『沈黙の宗教——儒教』(筑摩書房、一九九四年)

浅野裕一『孔子神話――宗教としての儒教の形成』(岩波書店、一九九七年)
加地伸行『論語』(講談社学術文庫、二〇〇四年)
浅野裕一編『竹簡が語る古代中国思想―上博楚簡研究―』(汲古選書、二〇〇五年)

第三章

小林勝人『孟子』(上・下、岩波文庫、一九六八年・一九七二年)
貝塚茂樹『孟子』(中公クラシックス、二〇〇六年)

第四章

浅野裕一『墨子』(講談社学術文庫、一九九八年)
映画「墨攻」公式サイト(http://www.bokkou.jp/)

第五章

小川環樹『老子』(中公文庫、一九七三年)
加地伸行編『老荘思想を学ぶ人のために』(世界思想社、一九九七年)
野村茂夫『老子・荘子』(角川ソフィア文庫、二〇〇四年)
金谷治『荘子』(第1冊~第4冊、岩波文庫、一九七一年~一九八三年)

第六章

金谷治『韓非子』（第1冊〜第4冊、岩波文庫、一九九四年）

本田済『韓非子』（上・下、ちくま学芸文庫、一九九六年）

木村英一『法家思想の研究』（弘文堂書房、一九四四年）

工藤元男『睡虎地秦簡よりみた秦代の国家と社会』（創文社、一九九八年）

湯浅邦弘『中国古代軍事思想史の研究』（研文出版、一九九九年）

第七章

浅野裕一『孫子』（講談社学術文庫、一九九七年）

金谷治『新訂孫子』（岩波文庫、二〇〇〇年）

岳南『孫子兵法発掘物語』（岩波書店、二〇〇六年）

湯浅邦弘『よみがえる中国の兵法』（大修館書店、二〇〇三年）

湯浅邦弘『孫子・三十六計』（角川ソフィア文庫、二〇〇八年）

湯浅邦弘（ゆあさ・くにひろ）

1957年島根県生まれ．大阪大学大学院文学研究科修了．
博士（文学）．北海道教育大学講師，島根大学助教授，
大阪大学助教授を経て，現在，大阪大学教授．
著書『中国古代軍事思想史の研究』（研文出版，1999）
『よみがえる中国の兵法』（大修館書店，2003）
『戦いの神』（研文出版，2007）
『墨の道 印の宇宙』（大阪大学出版会，2008）
『孫子・三十六計』（角川学芸出版，2008）
『懐徳堂事典』（編著，大阪大学出版会，2001）
『諸子百家〈再発見〉―掘り起こされる古代中国思想―』（共編著，岩波書店，2004）
『懐徳堂の歴史を読む』（共編著，大阪大学出版会，2005）
『懐徳堂研究』（編著，汲古書院，2007）
『上博楚簡研究』（編著，汲古書院，2007）
『江戸時代の親孝行』（編著，大阪大学出版会，2009）
訳書『中国の夢判断』（東方書店，1997）

諸子百家《しょしひゃっか》
中公新書 *1989*

2009年3月25日発行

著　者　湯浅邦弘
発行者　浅海　保

本文印刷　三晃印刷
カバー印刷　大熊整美堂
製　　本　小泉製本

発行所　中央公論新社
〒104-8320
東京都中央区京橋 2-8-7
電話　販売 03-3563-1431
　　　編集 03-3563-3668
URL http://www.chuko.co.jp/

Published by CHUOKORON-SHINSHA, INC.
Printed in Japan　ISBN978-4-12-101989-9 C1210

中公新書刊行のことば

一九六二年一一月

いまからちょうど五世紀まえ、グーテンベルクが近代印刷術を発明したとき、書物の大量生産は潜在的可能性を獲得し、いまからちょうど一世紀まえ、世界のおもな文明国で義務教育制度が採用されたとき、書物の大量需要の潜在性が形成された。この二つの潜在性がはげしく現実化したのが現代である。

いまや、書物によって視野を拡大し、変りゆく世界に豊かに対応しようとする強い要求を私たちは抑えることができない。この要求にこたえる義務を、今日の書物は背負っている。だが、その義務は、たんに専門的知識の通俗化をはかることによって果たされるものでもなく、通俗的好奇心にうったえて、いたずらに発行部数の巨大さを誇ることによって果たされるものでもない。現代を真摯に生きようとする読者に、真に知るに価いする知識だけを選びだして提供すること、これが中公新書の最大の目標である。

私たちは、知識として錯覚しているものによってしばしば動かされ、裏切られる。私たちは、作為によってあたえられた知識のうえに生きることがあまりに多く、ゆるぎない事実を通して思索することがあまりにすくない。中公新書が、その一貫した特色として自らに課すものは、この事実のみの持つ無条件の説得力を発揮させることである。現代にあらたな意味を投げかけるべく待機している過去の歴史的事実もまた、中公新書によって数多く発掘されるであろう。

中公新書は、現代を自らの眼で見つめようとする、逞しい知的な読者の活力となることを欲している。

中公新書

哲学・思想

- 1 日本の名著　桑原武夫編
- 16 世界の名著　河野健二編
- 832 外国人による日本論の名著　佐伯彰一・芳賀徹編
- 1696 日本文化論の系譜　大久保喬樹
- 312 徳川思想小史　源了圓
- 36 荘子　福永光司
- 1695 韓非子　冨谷至
- 1120 中国思想を考える　金谷治
- 1376 現代中国学　加地伸行
- 140 哲学入門　中村雄二郎
- 297 パラドックス　中村秀吉
- 575 時間のパラドックス　中村秀吉
- 1862 入門！論理学　野矢茂樹
- 448 詭弁論理学　野崎昭弘
- 593 逆説論理学　野崎昭弘
- 1565 モンテーニュ　荒木昭太郎
- 1510 パスカルの隠し絵　小柳公代
- 1472 ヘーゲルに還る　福吉勝男
- 235 ニーチェ　藤田健治
- 1939 ニーチェ―ツァラトゥストラの謎　村井則夫
- 1813 友情を疑う　清水真木
- 674 時間と自己　木村敏
- 1829 空間の謎・時間の謎　内井惣七
- 1986 科学の世界と心の哲学　小林道夫
- 1981 ものはなぜ見えるのか　木田直人
- 1333 生命知としての場の論理　清水博
- 1979 日本人の生命観　鈴木貞美
- 1989 諸子百家　湯浅邦弘

宗教・倫理

b1

中公新書

日本史

- 1617 歴代天皇総覧 笠原英彦
- 1928 物語 京都の歴史 脇田修・脇田晴子
- 482 倭国 岡田英弘
- 147 騎馬民族国家(改版) 江上波夫
- 1085 古代朝鮮と倭族 鳥越憲三郎
- 1878 古事記の起源 工藤隆
- 1490 古地図から見た古代日本 金田章裕
- 1530 日本文化交流小史 上垣外憲一
- 1452 食の万葉集 廣野卓
- 804 蝦夷(えみし) 高橋崇
- 1041 蝦夷《えみし》の末裔 高橋崇
- 1622 奥州藤原氏 高橋崇
- 1119 大化改新 遠山美都男
- 1293 壬申の乱 遠山美都男
- 1568 天皇誕生 遠山美都男

- 1779 伊勢神宮—東アジアのアマテラス 千田稔
- 1607 飛鳥—水の王朝 千田稔
- 1681 藤原京 木下正史
- 1940 平城京遷都 千田稔
- 291 神々の体系 上山春平
- 1502 日本書紀の謎を解く 森博達
- 1802 古代出雲への旅 関和彦
- 1967 正倉院 杉本一樹
- 1003 平安朝の母と子 服藤早苗
- 1240 平安朝の女と男 服藤早苗
- 1844 陰陽師(おんみょうじ) 繁田信一
- 1867 院政 美川圭
- 608 613 中世の風景(上下) 阿部謹也・網野善彦・石井進・樺山紘一
- 1503 古文書返却の旅 網野善彦
- 1392 中世都市鎌倉を歩く 松尾剛次
- 1944 中世の東海道をゆく 榎原雅治
- 48 山伏 和歌森太郎

- 1217 武家の棟梁の条件 野口実
- 115 義経伝説 高橋富雄
- 1521 後醍醐天皇 森茂暁
- 1608 太平記 松尾剛次
- 1444 蘇る中世の英雄たち 関幸彦
- 776 室町時代 脇田晴子
- 1481 中世京都と祇園祭 脇田晴子
- 978 室町の王権 今谷明
- 1983 戦国仏教 湯浅治久
- 62 敗者の条件 会田雄次
- 1380 武田信玄 笹本正治
- 1872 信玄の戦略 柴辻俊六

R 中公新書

世界史

番号	タイトル	著者
1353	物語 中国の歴史	寺田隆信
1593	よみがえる文字と呪術の帝国	平勢隆郎
12	史記	貝塚茂樹
1720	司馬遷の旅	藤田勝久
1473	漢帝国と辺境社会	籾山明
1823	楼蘭王国	赤松明彦
1252	古代中国の刑罰	冨谷至
1517	古代中国と倭族	鳥越憲三郎
7	宦官（かんがん）	三田村泰助
99	則天武后	外山軍治
15	科挙（きょ）	宮崎市定
1828	チンギス・カン	白石典之
1469	紫禁城史話	寺田隆信
255	実録 アヘン戦争	陳舜臣
1812	西太后（せいたいごう）	加藤徹

番号	タイトル	著者
166	中国列女伝	村松暎
1144	台湾	伊藤潔
1925	物語 韓国史	金両基
1372	物語 ヴェトナムの歴史	小倉貞男
1913	物語 タイの歴史	柿崎一郎
1367	物語 フィリピンの歴史	鈴木静夫
1551	海の帝国	白石隆
1866	シーア派	桜井啓子
1858	中東イスラーム民族史	宮田律
1660	物語 イランの歴史	宮田律
1818	シュメル―人類最古の文明	小林登志子
1977	シュメル神話の世界	岡田明子／小林登志子
1594	物語 中東の歴史	牟田口義郎
1931	物語 イスラエルの歴史	高橋正男
1499	アラビアのロレンスを求めて	牟田口義郎
983	古代エジプト	笈川博一

現代史

中公新書

現代史

1980 ヴェルサイユ条約 牧野雅彦
27 ワイマル共和国 林健太郎
154 ナチズム 村瀬興雄
478 アドルフ・ヒトラー 村瀬興雄
1943 ホロコースト 芝健介
1572 ヒトラー・ユーゲント 平井正
1688 ユダヤ・エリート 鈴木輝二
530 チャーチル（増補版） 河合秀和
1415 フランス現代史 渡邊啓貴
652 中国—歴史・社会・国際関係 中嶋嶺雄
1409 中国革命を駆け抜けたアウトローたち 福本勝清
1394 中華民国 横山宏章
1544 漢奸裁判 劉傑
1487 中国現代史 小島朋之
1363 香港回帰 中嶋嶺雄

1959 韓国現代史 木村幹
1351 韓国の族閥・軍閥・財閥 池東旭
1650 韓国大統領列伝 池東旭
1762 韓国の軍隊 尹載善
1763 アジア冷戦史 下斗米伸夫
1582 アジア政治を見る眼 岩崎育夫
1876 インドネシア 水本達也
1596 ベトナム戦争 松岡完
1705 ベトナム症候群 松岡完
1429 インド現代史 賀来弓月
1744 イラク建国 阿部重夫
941 イスラエルとパレスチナ 立山良司
1612 イスラム過激原理主義 藤原和彦
1664
1665 アメリカの20世紀（上下） 有賀夏紀
1937 アメリカの世界戦略 菅英輝
1272 アメリカ海兵隊 野中郁次郎
1486 米国初代国防長官フォレスタル 村田晃嗣

1920 ケネディ—「神話」と実像 土田宏
1863 性と暴力のアメリカ 鈴木透
1992 マッカーサー 増田弘